Ehinger/Hennig · Praxis der Lehrersupervision

Wolfgang Ehinger/Claudius Hennig

Praxis der Lehrersupervision

Leitfaden für Lehrergruppen mit und ohne Supervisor

Mit einem Vorwort von Reinhold Miller

2. Auflage

Beltz Verlag · Weinheim und Basel

Wolfgang Ehinger, Jg. 1949, Dipl.-Psych., ist Schulpsychologe und Familientherapeut und Mitarbeiter an einer schulpsychologischen Beratungsstelle.

Claudius Hennig, Jg. 1950, Dipl.-Psych., ist Schulpsychologe und Familientherapeut und Leiter einer schulpsychologischen Beratungsstelle.

2., unveränderte Auflage 1997 (Neuausgabe)

Lektorat: Peter E. Kalb

Herstellung: Klaus Kaltenberg
Satz (DTP): Satz- und Reprotechnik GmbH, Hemsbach
Herstellung: Books on Demand GmbH Norderstedt
Umschlaggestaltung: Federico Luci, Köln
Umschlagfoto: Michael Seifert, Hannover
Printed in Germany
Unveränderter Nachdruck der letzten Auflage
ISBN 978-3-407-25188-6

Inhaltsverzeichnis

Vorwort

Ein Hauptschullehrer, 53 Jahre alt, schreibt in einem Brief u.a.: »Ich verfolge seit langem mit Schrecken und Entsetzen, was sich Lehrer im Unterricht von Schülern alles bieten lassen müssen. Ich sehe die diesbezügliche Ohnmacht unseres Berufsstandes. Auf Verständnis der Gesellschaft dürfen wir nicht hoffen. Wenn Probleme bekannt werden, ist der Lehrer schuld, der mit den Schülern nicht fertig wird. Der Frust wird immer größer. Es ist eine Tatsache, daß sich eine überaus große Zahl von Lehrern in psychiatrische Behandlung begeben muß ...«

Briefe solchen oder ähnlichen Inhalts werden immer häufiger an zuständige Adressen geschickt: Ministerialbehörden, Schulämter, Beratungsstellen oder private Helfer. Lehrerinnen und Lehrer haben Unterrichten gelernt und fühlen sich hilflos und nicht in der Lage, mit Problemen fertig zu werden, die nicht unmittelbar mit »Lehren und Lernen« zu tun haben. Sie stoßen, allein gelassen, an Grenzen. Das Burnout-Syndrom ist der objektive Fachausdruck für subjektives Leiden.

Es rächt sich derzeit bitter, daß innerhalb der LehrerInnenausbildung der vergangenen Zeit die *Person* des Lehrers, der Lehrerin, kaum reflektiert wurde. Im Mittelpunkt standen und stehen der Fächerkanon, Didaktik, Methodik und »das Schülerverhalten«. Im berühmten »didaktischen Dreieck Lehrer – Schüler – Sache« kam der Lehrer »nur« als Didaktiker zur Sprache. Reflektierte *Selbst*-Erfahrung im Berufsfeld Schule war Utopie...

Auf Grund der gravierenden Veränderungen in Schule und Gesellschaft (Familie, Kindheit, Jugend, Medien, Technik, Bildung, Erziehung) sind die einzelnen Schulhäuser beträchtlich ins Wanken gekommen und mit ihnen die darin lebenden Personen. Alle brauchen Hilfe und Unterstützung von innen wie von außen, z.B. durch überregionale, regionale oder schulinterne Fortbildungsangebote oder Schulentwicklungsprogramme, durch Beratungsstellen und Schulsozialarbeit (in der Zwischenzeit hat es sich herumgesprochen, daß der LehrerInnenberuf zu den *Sozial*berufen gehört!) und die *Supervision.* Durch sie haben Lehrerinnen und Lehrer nun endlich ein Gesprächsforum gefunden, das über informelle Kontakte im Schulalltag hinausgeht und eine – in anderen Sozialberufen schon längst bewährte – berufsbegleitende Hilfe darstellt.

W. Ehinger und C. Hennig kommen mit ihrem Buch *Praxis der Lehrersupervision* den Lehrerinnen und Lehrern sehr entgegen. Die beiden Psychologen schöpfen aus ihrem reichhaltigen Fundus an fachlichem Wissen und beruflicher Praxiserfahrung und bieten gleichsam einen Leitfaden für GruppenleiterInnen *und* TeilnehmerInnen an. Sie haben dabei den Schwerpunkt auf ausgewählte *Methoden der kollegialen Lehrersupervision* gelegt, unterteilt in eine akustisch-verbale, eine visuelle und eine kinästhetische Ebene. Gerade diese lerntypengerechte und lernfreundliche Unterscheidung macht das Buch zu einem wertvollen Begleiter der praktischen Arbeit in den LehrerInnengruppen und damit entweder zum Löschzug bei Burnoutproblemen, zum Kraftquell bei Auftankversuchen oder zum Motivationsschub bei Start-, Anlauf- oder Fortschrittsbemühungen.

Reinhold Miller

Einleitung

Von der Notwendigkeit einer kollegialen Lehrersupervision

Der vorliegende Supervisionsleitfaden wendet sich sowohl an die in der Lehrersupervision oder in der Lehrerfortbildung tätigen Fachleute als auch an diejenigen LehrerInnen, die ihre berufliche Belastungssituation nicht länger in der Vereinzelung und auf dem Rücken ihrer Gesundheit austragen wollen.

Die erschreckend hohe Zahl von LehrerInnen, die nicht psychisch oder physisch gesund (bzw. gar nicht) die Pensionsgrenze erreichen, spricht für sich. Es sei denn, man würde dieser Berufsgruppe unterstellen, in ihr gebe es besonders viele Simulanten, Drückeberger und Wehleidige, was wir nach über zehnjähriger Lehrerfortbildungsarbeit allerdings nicht bestätigen können.

Vielmehr beschreiben in zahllosen persönlichen Gesprächen LehrerInnen immer wiederkehrende (und auch zum Teil chronifizierte) Alltagsstreßsituationen, für die sie keine angemessene Form der Verarbeitung finden. Verkürzt ausgedrückt handelt es sich dabei in der überwiegenden Mehrzahl um *Beziehungskonflikte:*

- gestörte Beziehungen zu einem »Problem«schüler oder gar zu einer »Problem«klasse;
- gestörte Beziehungen zu KollegInnen bzw. zur Schulleitung;
- gestörte Beziehungen zu Eltern.

Als eine beispielhafte Unersuchung für viele, die das Thema Konflikthaftigkeit und Streß des Lehrerberufs bearbeiten, sei hier die Zusammenfassung zweier Untersuchungen (Wittern/Tausch 1980; Wittern 1985a) angeführt:

> »Durchschnittlich gaben die Lehrer zehn (3–13) Probleme an, die sie im Mittel ›ziemlich‹ bis ›stark‹ belasteten. Nach dem Urteil der Lehrer betrafen diese Probleme jeweils zur Hälfte ihren beruflichen bzw. privaten Lebensbereich. Im schulischen Bereich beziehen sich die genannten Schwierigkeiten vor allem auf die ›Unzufriedenheit mit der eigenen Person in der Schule‹ (Beispieläußerung von Lehrern: *›Ich möchte fröhlicher und weniger angespannt sein‹*), ›Schwierigkeiten im Umgang mit Schülern‹ (*›Desinteresse und Disziplinlosigkeit der Schüler‹*), ›Probleme mit Kollegen und der Schulleitung‹ (*›Wage nicht, mich im Kollegium durchzusetzen‹*), ›Probleme mit den Arbeitsbedingungen‹ (*Zu große Schulen, Klassen, zu viele Lehrer: Anonymität*).
>
> Zum außerschulisch-privaten Bereich werden vor allem ›Schwierigkeiten in zwischenmenschlichen Beziehungen‹ und ›Emotionale Schwierigkeiten‹ genannt:
>
> Insgesamt legen diese Untersuchungen auf der Basis der befragten Lehrerstichproben die

Vermutung nahe, daß sich viele Lehrer erheblich belastet fühlen. *Nach den Angaben der Lehrer bestehen die häufigsten Beeinträchtigungen in ihrer Person und den zwischenmenschlichen Beziehungen*, mehr noch als in äußeren Bedingungen.« (Wittern/Giernalczyk, in: Heyse 1986, S. 138).

Demgegenüber spielen fachdidaktische Probleme hier eine untergeordnete Rolle – was nicht verwunderlich ist angesichts der Tatsache, daß das Durchschnittsalter der Lehrerkollegien heute bei ca. 45 Jahren (d.h. 20 Jahre Berufserfahrung!) liegt. Zudem befinden sich LehrerInnen unserer Beobachtung nach heute in der paradoxen Situation, daß sie einerseits fachdidaktisch gut ausgebildet sind und dazu noch ca. 80% der Lehrerfortbildungsangebote fachdidaktischer Natur sind. Andererseits werden sie bezüglich der *Beziehungsdidaktik* (Persönlichkeitsbildung, Selbstwahrnehmung – Fremdwahrnehmung, Teamarbeit, Schulung in Kommunikationspsychologie und Gesprächsführung usw.) in der Lehrerausbildung sehr allein gelassen, und auch in der Fortbildung führt diese nur ein Schattendasein (auch wenn sich in letzter Zeit eine Wende zu mehr kommunikationspsychologischen Fortbildungsthemen abzeichnet).

Von daher verwundert es nicht, wenn in den letzten Jahren der an Mitglieder der Schulverwaltung, SchulpsychologInnen und freiberufliche TrainerInnen und TherapeutInnen von einzelnen LehrerInnen, aber auch von Lehrerkollegien herangetragene Wunsch nach kollegiums- und lehrerpersönlichkeitsbezogener Fortbildung immer dringlicher und unüberhörbarer wird.

Ausgelöst und gefördert wird dieses Bedürfnis durch die vielschichtigen Anforderungen von allen Seiten, mit denen sich LehrerInnen konfrontiert sehen. So sollen und müssen sie fertig werden mit

- der fachlichen/fachdidaktischen Seite von Unterricht;
- den neuen Anforderungen des Kultusministeriums in puncto fachübergreifender Unterricht, was Kooperationsfähigkeit voraussetzt;
- dem Auftrag, SchülerInnen auch zu erziehen;
- den Forderungen der Eltern (an sie und an die Kinder);
- den Forderungen der »Gesellschaft« an die Schule, wie z.B. soziales Lernen auf dem Hintergrund von Gewalt und Ausländerfeindlichkeit, Geschlechtserziehung auf dem Hintergrund von Aids, Medienerziehung auf dem Hintergrund des gestiegenen Medieneinflusses, Drogenprophylaxe usw.;
- den Forderungen nach sozialpädagogischer Betreuung von SchülerInnen (Betreuungsangebote durch Schule, Ganztagesförderung);
- der mangelhaften Kommunikation über Schule in der Schule;
- einer eher isolierten Arbeitssituation;
- einer Zunahme verhaltens- und lerngestörter SchülerInnen, die u.a. einhergeht mit der stetigen Zunahme problembelasteter und/oder unvollständiger Familien;
- dem Nachlassen der elterlichen Erziehungs- und Beziehungsfähigkeit, was zu einer zunehmenden Verantwortungsverlagerung in den schulischen Bereich führt (Eltern schieben Erziehungsverantwortung auf LehrerInnen ab);
- einer veränderten Schülermentalität, die sich in einer passiven Konsumhaltung bzw. »Null-Bock-Haltung« widerspiegelt und nicht zuletzt gefördert wird durch Realitätsflucht, Perspektivlosigkeit, Zukunftsängste und negativen Medieneinfluß;
- den von zunehmenden Umweltbelastungen ausgelösten Konzentrationsstörungen auf-

grund verseuchter bzw. denaturierter Nahrung, Wasser und Luft, was sich u.a. auch in der erschreckenden Zunahme von Allergien bemerkbar macht; in diesen Bereich gehört auch die nahezu permanente und überall vorhandene Lärmbelastung;
- Überalterung und damit Abnahme der Flexibilität der Lehrerkollegien bei gleichzeitigem Wegfall neuer Impulse, die durch nachrückende JungkollegInnen eingebracht werden können;
- den Spannungen und Konflikten im Kollegium, mit Schulleitern und Schulaufsicht, die sich u.a. in Polarisierungen und Fraktionierungen innerhalb des Kollegiums sowie in mangelnder Kommunikation und Kooperation bemerkbar machen u.v.m.

Innerhalb der geforderten Lehrerfortbildung kommt der Supervision eine besondere Bedeutung zu. Sie zielt darauf ab, schwierige bzw. gestörte Interaktionsprozesse im Berufsalltag besser zu verstehen und zu bewältigen. Sie knüpft an die Erfahrungen und Fähigkeiten der LehrerInnen an, stellt ihre Persönlichkeit in den Vordergrund und ermöglicht eine Umsetzung von theoretischen Modellen in die konkrete Praxis, unter Berücksichtigung von Wertvorstellungen, beruflichen und privaten Beziehungen, des persönlichen Kommunikationsstils, des eigenen Denkens, Fühlens und Handelns.

Auf der Ebene der amtlichen Lehrerfortbildung ist bisher das Angebot an Supervisionsgruppen qualitativ und regional sehr begrenzt. Vielerorts finanzieren die KollegInnen einen professionellen Supervisor aus eigener Tasche.

Die in diesem Buch vorgestellte selbstorganisierte Lehrersupervision kann auch als »kollegiale Praxisberatung« ohne professionelle SupervisorInnen bezeichnet werden. Trotz der Einschränkungen und Grenzen, die diese Form der Supervision durch das Fehlen eines von »außen« kommenden Supervisors hat, stellt sie eine Möglichkeit dar, aufkommende Resignation aufgrund des Mangels an offiziellen Supervisionsangeboten zu überwinden. Supervisionsgruppen ohne professionelle(n) LeiterIn erfordern von den Gruppenteilnehmern in erster Linie Mut und die Bereitschaft zur Offenheit. Die notwendige Kommunikationskompetenz muß zum Teil durch entsprechende Lernprozesse geschaffen werden. Die Bereitschaft und (Selbst)disziplin zum Einhalten bestimmter Rahmenbedingungen und Kommunikationsregeln sind ebenfalls notwendige Voraussetzungen für diese Art der Selbsthilfe. Erleichtert werden kann dieser Lernprozeß dadurch, daß die selbstorganisierte kollegiale Lehrersupervision zumindest in der Anfangsphase oder von Zeit zu Zeit eine(n) professionelle(n) SupervisorIn engagiert.

Wir sind der Meinung, daß sich in einer selbstorganisierten Lehrergruppe genügend Kompetenz, Erfahrung und Ressourcen finden, um sich gegenseitig zu bereichern, zu unterstützen, zu begleiten und zu helfen. Der große Schritt aus der Isolation des Klassenzimmers in eine Supervisionsgruppe ist ein wichtiger Schritt in Richtung Selbstschutz vor Ausbrennen und somit ein wichtiger Beitrag zur Psychohygiene. Die dafür investierte Zeit und Energie hat sich unserer Erfahrung nach schon nach kurzer Zeit amortisiert durch die Zeit und Energie, die im Schulalltag durch bessere Bewältigung von Konfliktsituationen gewonnen werden kann.

Sigrid Rotering-Steinberg (in: Heyse [Hrsg.] 1986, S. 186) sieht folgende Ziele einer selbstorganisierten Lehrersupervisionsgruppe:

- »Herstellen eines gewissen Gruppengefühls
- Offensein gegenüber eigenen und fremden Schulproblemen

– Einüben gewisser kommunikativer Kompetenzen, die ein befriedigendes Miteinander ermöglichen
– Emotionale Entlastung durch die Erfahrung, daß die Kollegen ähnliche Probleme haben
– Kennenlernen der Perspektiven von anderen Kollegen zum eigenen Problem, wodurch neue Ideen und Hypothesen gebildet werden können
– Erarbeiten und Diskutieren von Handlungsmöglichkeiten, die im Schulalltag praktikabel sind«

Möge der vorliegende Leitfaden eine brauchbare Hilfe auf diesem Weg sein!

Anlässe und Aufgabenfelder einer kollegialen Lehrersupervision

Im Schulalltag kommt es täglich zu zahlreichen Störungen, Konflikten und Problemsituationen, die ohne die Hilfe einer Supervisionsgruppe gemeistert und bewältigt werden müssen.

Anlaß für eine Supervision kann generell dann bestehen (vgl. auch Ruddies 1992), wenn LehrerInnen:

– »steckenbleiben«, selbst nicht mehr weiterwissen, den Überblick über eine Situation oder ein Problem verlieren;
– mit ihrem beruflichen Leben hin und wieder unzufrieden sind;
– immer öfters an »Aussteigen« und Ruhestand denken;
– mit dem Schulalltag hauptsächlich Ärger, Belastung, Unwohlsein und Kampf assoziieren;
– den Wunsch nach Reflexion ihrer beruflichen Situation verspüren;
– sich durch die Erwartungshaltung anderer, z.B. SchülerInnen, Eltern, KollegInnen, Schulleitung, Schulamt, überfordert fühlen;

Tab. 1: Anlässe und Themen für die Lehrersupervision

Betroffene Personen, Gruppen, Systeme	**Probleme und Schwierigkeiten**	**Themen**
1. LehrerIn – SchülerIn LehrerIn – Klasse	– Leistungs- und/oder Verhaltensprobleme – Disziplinschwierigkeiten	– Lernförderung – Lehrer-Schüler-Interaktion und -Kommunikation – Entwicklungspsychologie – Methodisch-didaktische Fragen
2. LehrerIn – Eltern	– Schwierige Gesprächssituationen – Grenzverletzungen	– Gesprächsführung – Lehrerrolle-Elternrolle – Familiärer Hintergrund für Schulprobleme
3. LehrerIn – KollegIn LehrerIn – Schulleitung LehrerIn – Kollegium	– Konflikte – Mangelnde Kooperation – Störungen im Betriebsklima – Mangelnder pädagogischer Konsens	– Systemische Sichtweise des Kollegiums – Pädagogischer Konsens – Sympathie/Antipathie – Macht/Einfluß
4. LehrerIn – Berufliche Situation allgemein Strukturelle Probleme	– Berufsunzufriedenheit – Überforderung (Burnout-Syndrom) – Private Probleme	– Lehrerpersönlichkeit – Psychohygiene (Selbstschutzstrategien) – Lehrerrolle – Suche nach Beratung/Therapie

– einfach nur neugierig sind, weiterlernen wollen, weiterwachsen wollen, weitere eigene Fähigkeiten (wieder neu) entdecken wollen oder Lust auf die Erweiterung des bisherigen Verhaltensrepertoires haben.

Wenn ich mich *in* einem Labyrinth befinde, ist es für mich schwieriger, den Ausgang zu finden (assoziierte Sichtweise). Wenn ich das Ganze aus der »Perspektive des Adlers«, *von oben*, betrachten kann, ist es für mich leichter, die Struktur des Labyrinths zu erkennen und Wege zum Ausgang zu finden (dissoziierte Sichtweise).

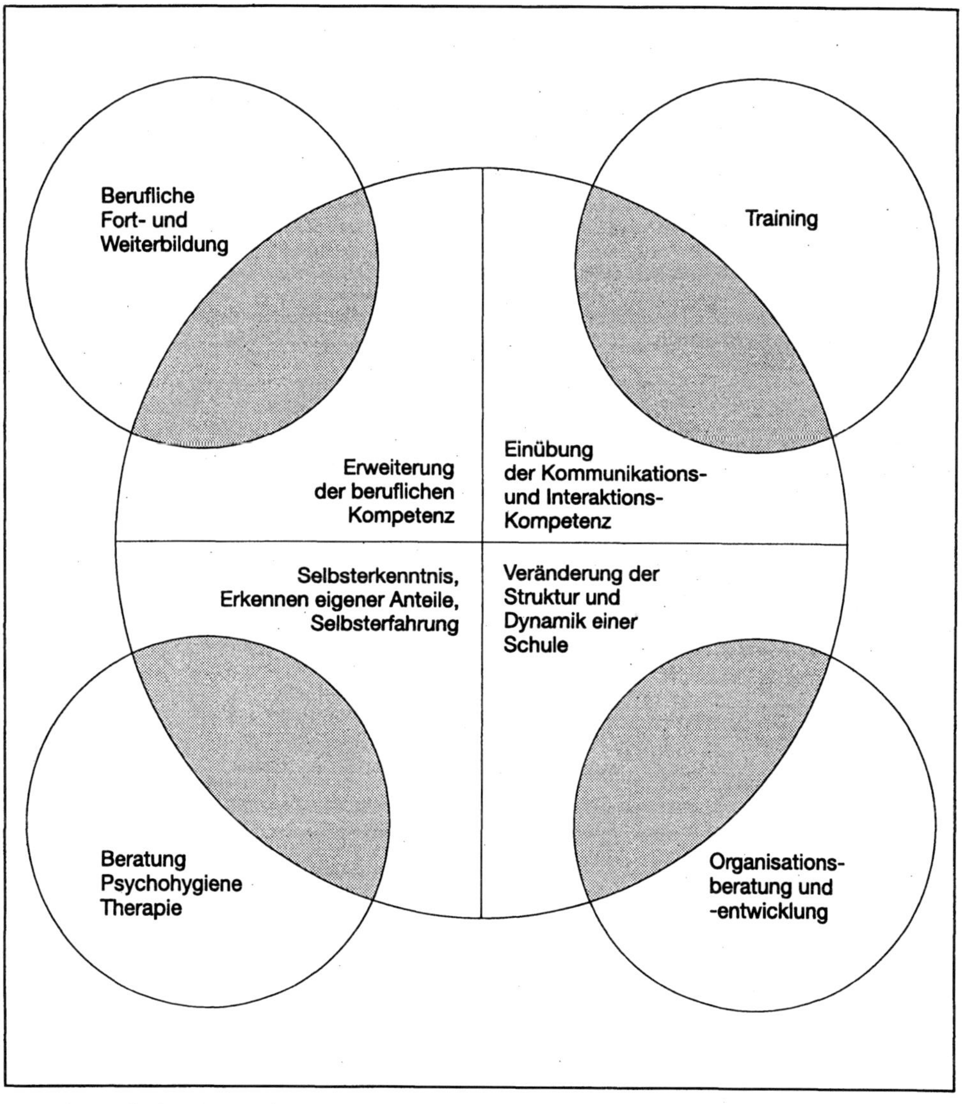

Abb. 1: Aufgabenfelder der Lehrer-Supervision und angrenzende Bereiche. Supervision ist ein Lern- und Arbeitsprozeß, der eine systemische (ganzheitliche) Begleitung und Reflexion beruflichen Handelns ermöglicht (nach Brandan 1991, S. 29).

Je tiefer ich in einem Problem »drinstecke«, je verwickelter bzw. assoziierter ich bin, desto weniger gelingt es mir selbst, Abstand zu gewinnen, Muster und Strukturen des Problems zu erkennen. Eine Supervisionsgruppe ist in der Regel besser in der Lage, die Problemsituation von außen distanziert zu betrachten und Ideen zur Lösung zu entwickeln.

Die Anlässe und Themen für eine Supervision können auf ganz verschiedenen Ebenen angesiedelt sein, wie Tabelle 1, S. 12, zeigt.

a) Berufliche Fort- und Weiterbildung

Kollegiale Lehrersupervision ist immer auch ein Stück berufliche Fort- und Weiterbildung. Selbstverständlich kann sie eine qualifizierte Fortbildung nicht ersetzen. Die Auseinandersetzung mit theoretischen Gedankengebäuden, Modellen und Fragestellungen, die die einzelnen Gruppenteilnehmer einbringen, findet aber immer statt. In der Supervision können theoretische Gedankengebäude, die ja die Hypothesenbildung beeinflussen, eingebracht und überprüft werden. Mit Hilfe der Supervision können LehrerInnen die Umsetzung von theoretischen Modellen in die Praxis effektiver gestalten.

In einer effektiv arbeitenden Supervisionsgruppe bereichern sich die TeilnehmerInnen gegenseitig, denn jede(r) bringt andere Fähigkeiten, Erfahrungen, anderes Wissen, andere Möglichkeiten mit. Diese Ressourcen einer Gruppe gilt es auch zu nutzen. (Das Ganze ist mehr als die Summe seiner Einzelteile).

b) Training

Supervision ist auch Training im Bereich der Gesprächsführung, Einübung der Interaktions- und Kommunikationskompetenz, Training im Bereich einer sensibleren Wahrnehmung und Training im Bereich der Konfliktbewältigung.

In der Supervision kann das Gesprächsverhalten des/der LehrerIn thematisiert, überprüft und geschult werden. In Rollenspielen können kurze Gesprächssequenzen eingeübt und trainiert werden, vorhandene Kompetenzen kommen zum Einsatz, verschüttete Potentiale können reaktiviert werden, oder spürbar gewordener Nachholbedarf kann zu entsprechenden Fortbildungswünschen motivieren.

Durch konkrete Fallarbeit, durch den Austausch von Ideen und Vermutungen, durch Gegenüberstellungen von Selbst- und Fremdwahrnehmung und das entsprechende Feed-back ist die soziale Wahrnehmung, die soziale Sensitivität Thema in jeder Supervision. LehrerInnen werden neue Sichtweisen eröffnet, durch den Austausch werden sie befähigt, vergangene und zukünftige Situationen »mit anderen Augen« zu sehen. Ihre soziale Wahrnehmungsfähigkeit wird geschult und verfeinert.

In der Supervisionsarbeit sind Anregungen zur Schaffung einer »nützlicheren« Wirklichkeitskonstruktion enthalten.

Gemeinsam werden Strategien entwickelt und mittels Rollenspiel eingeübt, die LehrerInnen helfen, bestimmte Konfliktsituationen zu bewältigen. Die Supervisionsgruppe *kann* auch helfen, Konflikte auszuhalten. Eine Aufgabe der Supervision ist es daher auch, die intrapsychischen wie auch die interpersonellen Konflikte aufzufangen und aufzuarbeiten. Dabei ist selbstverständlich die Supervisionsgruppe nicht der Ort für Therapieprozesse im engeren Sinne, sie hilft jedoch dem einzelnen Teilnehmer die Augen zu öffnen bzw. die Motivationsbasis zu schaffen für eine Beratung oder Therapie außerhalb der Supervisionsgruppe.

Die in der Supervision enthaltenen Elemente in den Bereichen berufliche Fort- und Weiterbildung, Training und Praxisanleitung können zur Erweiterung des beruflichen Potentials von LehrerInnen führen. Sie helfen ihnen, ihr Wissen zu erweitern sowie ihre Ressourcen und Fähigkeiten zu nutzen und optimal einzusetzen.

c) Beratung, Psychohygiene, Therapie

Supervision ist auch Selbsterkenntnis, Selbsterfahrung, Kennenlernen eigener Anteile am Problem. Sie hat somit auch therapie*ähnliche* Funktionen. Supervision ist aber, wie gesagt, keine Therapie und sollte es auch nicht sein.

Diese Aspekte betreffen sowohl die LehrerIn-SchülerIn-Interaktion wie auch fachdidaktische Methoden und Unterrichtsstruktur (1.–3. Stockwerk des »Gebäudes erfolgreichen Lehrens«, S. 26).

Die Lehrerpersönlichkeit und damit die eigenen Anteile am Konfliktgeschehen können und sollen aber auch Thema der Supervision sein.

Das Gruppenfeedback hat die Funktion eines Spiegels. Über das Erkennen von Mustern können die eigenen Anteile eher erkannt und verändert werden.

Supervision dient auch ein Stück weit *als Psychohygiene* für LehrerInnen, die mit Hilfe der Gruppe berufliche Probleme, persönliche Schwierigkeiten usw. bearbeiten, sich dadurch wieder ein Stück weit für den Alltag regenerieren und somit der Gefahr des Ausbrennens vorbeugen können.

Supervision ist also auch ein Stück Selbsterfahrung, Beratung und Begleitung.

Als Selbsterfahrung gibt Supervision LehrerInnen kurze Anstöße zur Auflösung von Problemsystemen, zur Überwindung von »Steckenbleiben«, gibt Hilfe, Leiden zu beenden.

Als Beratung unterstützt Supervision LehrerInnen darin, ihre Lage zu verbessern und die eigenen Ressourcen zu nutzen.

Als Begleitung hilft sie ihnen, ihre Situation zu ertragen, und kann sie damit eher vor dem Ausbrennen und vor Erschöpfung schützen.

d) Organisationsberatung und -entwicklung

Wenn in der Supervision der institutionelle Rahmen des/der LehrerIn zum Thema wird, Beziehungen zum Lehrerkollegium, das Betriebsklima und somit Struktur und Dynamik der Institution Schule in den Vordergrund treten, dann ist Supervision auch ein Stück weit Organisationsberatung und -entwicklung. Im Rahmen der kollegialen Lehrersupervision, vor allem wenn die KollegInnen aus derselben Schule stammen, sind die Grenzen dieses Aspekts schnell erreicht. (Der »Blick des Adlers« kann nicht eingenommen werden, GruppenteilnehmerInnen sind selber im System Schule.) Je nach Offenheit und Flexibilität des Lehrerkollegiums, der Institution Schule und je nach Innovationsbereitschaft des/der LehrerIn können in diesem Rahmen jedoch einzelne Ansätze sehr hilfreich und nützlich sein.

Supervision birgt also von der fachlichen Beratung und Begleitung bis hin zur psychohygienischen Instanz für persönliche Sorgen und Probleme ein breites Spektrum von Möglichkeiten und Chancen. Sie birgt aber auch Gefahren, wenn Grenzen nicht erkannt und überschritten werden (vgl. hierzu den »Ausblick: Grenzen und Risiken ..., S. 107).

1. Grundlagen für die Supervisionsarbeit

Die in den folgenden Abschnitten 1.1 bis 1.3 (»Die Schule als soziales System«, »Das Gebäude des erfolgreichen Lehrens« und »Kommunikation und Interaktion«) vorgestellten Grundlagen stellen wichtiges Hintergrundwissen sowie das Denkmodell für die in den folgenden Kapiteln 2 bis 3 beschriebene Supervisionsarbeit dar.

1.1 Die Schule als soziales System – der Arbeitsplatz Schule

Wenn wir Supervision mit oder ohne SupervisorIn aus einem *systemischen* Blickwinkel für sinnvoll erachten, erscheint es sehr hilfreich, das System »Schule« mit seinen *Subsystemen*, seiner *Struktur* und *Dynamik* sowie seinen *Systemregeln* näher zu betrachten.

Zu einer effektiven Supervision gehört unserer Überzeugung und Erfahrung nach eben nicht nur die »Fallbesprechung«, d.h. die Klärung problematischer Situationen mit schwierigen Schülern, Eltern und Kollegen, sondern ebenso die Analyse persönlicher Anteile des/der SupervisandIn. Dabei geht es dann um die Frage, was trage ich zur Problementstehung bzw. Problemaufrechterhaltung bei? Genauso dazu gehört aber auch die nähere Betrachtung meines Arbeitsplatzes als LehrerIn, d.h. meine Position innerhalb des Kollegiums und zur Schulleitung, die Regeln, die Struktur, die Dynamik, das Betriebsklima usw. an meiner Schule.

Visualisiert sehen die Subsysteme innerhalb des Gesamtsystems Schule so aus, wie Abbildung 2, S. 18, zeigt.

Erläuterungen zu Abbildung 2:

Die einzelnen Systemebenen sind so zu verstehen, daß jeweils die einfachere in allen komplexeren (höheren) enthalten ist, wobei das jeweilige Subsystem etwas qualitativ anderes darstellt als die Summe seiner Teile.

Das Gesamtsystem einer einzelnen Schule ist selbstverständlich eingebettet in umfassendere Systeme wie z.B. Stadtteil, Stadt, Landkreis usw. bis hin zur Gesamtgesellschaft. Ebenso beeinflussen verschiedene außen gelagerte Systeme wie beispielsweise die Schulaufsicht oder die Elternschaft dieses schulische Gesamtsystem. Andere Außensysteme wie beispielsweise die Familie oder die Peer-group des einzelnen Schülers oder die Familie, die Beziehungen und verschiedenen psychischen und finanziellen Belastungen des Lehrers wirken direkt auf einzelne Systemmitglieder der Schule ein, und umgekehrt bringen diese aus der Schule etwas in die jeweils in Frage kommenden Außensysteme mit.

Ähnlich wie im Mikrosystem Familie erscheint es für das Makrosystem Schule sinnvoll, es auf seine Zieldimensionen (power, meaning und affect), die Zugänge zu diesen Zieldimensionen (Raum, Zeit, Energie) sowie seine Innen- und Außengrenzen hin zu analysieren.

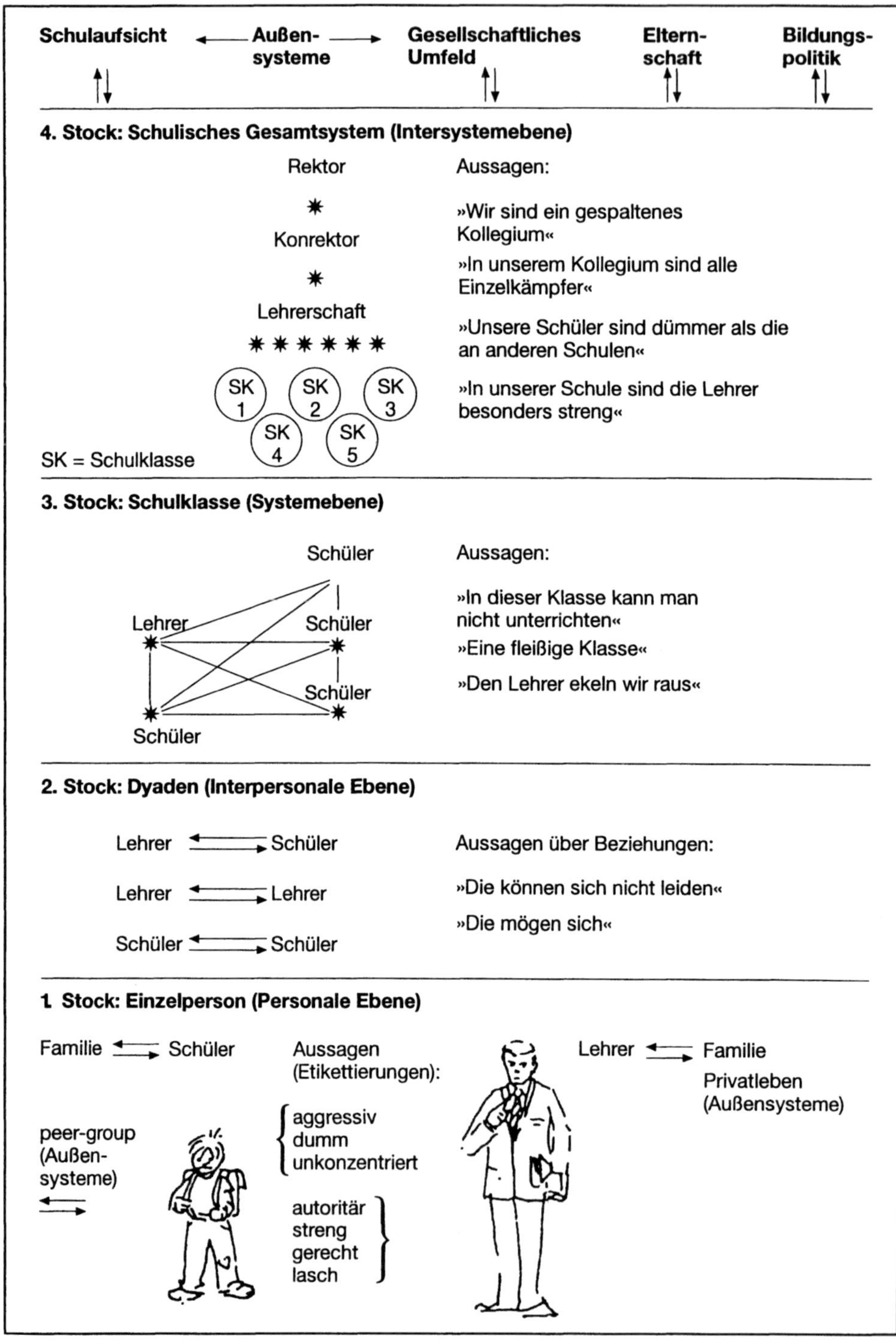

Abb. 2: Subsysteme innerhalb des Gesamtsystems Schule (aus: Hennig/Knödler 1993³, S. 200ff.)

1.1.1 Systemdimensionen einer Schule

a) Zieldimensionen

power (Macht, Einfluß): Darunter verstehen wir zum einen das *formelle* Machtgefüge innerhalb einer einzelnen Schule, d.h., wer hat wem gegenüber welche Vorgesetztenfunktionen zu erfüllen (z.B. SchulleiterIn gegenüber Kollegium, FachleiterIn gegenüber ReferendarIn usw.)? Zum anderen ist das *informelle* Machtgefüge von Bedeutung: Wer im Kollegium hat z.B. aufgrund seiner Fachkompetenz, seiner Erfahrung, seiner persönlichen Autorität usw. eine besonders einflußreiche Position? Bezogen auf die Schulklasse geht es um die Frage: Wer hat in der Klasse eine Anführer- wer eher eine Mitläufer- oder gar Außenseiterposition?

meaning (hier: Pädagogisches Selbstverständnis, Selbstbild): Bezogen auf das Lehrerkollegium bedeutet meaning für uns: das pädagogische Leitbild, der »Geist«, die Vision, von der sich die LehrerInnen einer bestimmten Schule leiten lassen.
Auf die Schülerschaft bezogen könnten solche Selbstbilder zum Beispiel zum Inhalt haben: »Wir als HauptschülerInnen sind sowieso die Schwachen, die Restschüler« oder »Wir sind Mitglieder eines Eliteinternates« usw.

affect (Gefühlsebene, Nähe – Distanz, Sympathie – Antipathie): Darunter verstehen wir die Prozesse, die umgangssprachlich verkürzt als »Beziehungsebene« bezeichnet werden, d.h., es geht zum Beispiel um die Frage, wie gut oder schlecht Mitglieder eines Kollegiums (einer Schulklasse, eine LehrerIn mit einem Schüler, einer Schülerin usw.) miteinander auskommen, welche Freundschaften, Sympathie, welche Nähe oder Feindschaft, Antipathien, Distanz usw. zwischen ihnen bestehen.

b) Zugangsdimensionen

Raum: Dabei geht es zum einen um den Raum im psychischen Sinne, also z.B. um den Freiraum, den die einzelnen Mitglieder des Systems Schule besitzen. Aber auch der Raum im materiellen Sinne ist gemeint: Wer teilt sich in der Schule mit wem welchen Raum? Wie kommunikativ ist das Lehrerzimmer gestaltet? Ist das Kollegium in einem Raum oder in mehreren Räumen untergebracht? Usw.

Zeit: Wieviel Zeit wird der Regulierung der drei oben skizzierten Zieldimensionen power, meaning und affect eingeräumt? Gibt es zum Beispiel genügend Zeit, um über Probleme im Kollegium bzw. zwischen LehrerInnen und SchülerInnen zu sprechen? Unterrichtet ein(e) LehrerIn eine Stunde oder fünf Stunden in einer bestimmten Klasse? Usw.

Energie: Darunter verstehen wir den Austausch von Meinungen, Informationen, gemeinsamen Handlungen u.ä. So kann es beispielsweise sein, daß ein Kollegium zwar genügend Raum und Zeit zur Verfügung hätte für die Bildung eines pädagogischen Konsens, aber im Lehrerzimmer oder während der Lehrerkonferenz kein intensiver gedanklicher Austausch stattfindet, also die Energiekomponente fehlt.

1.1.2 Systemregeln in der Schule

Dabei geht es um die für die einzelne Schule typischen Gesetzmäßigkeiten, denen Kommunikations- und Interaktionsprozesse der betreffenden Schule unterworfen sind. Hierbei handelt es sich um sogenannte *offen vertretene und ausgesprochene*, aber auch um sogenannte *verdeckte, heimliche Regeln* (sie sind meistens noch viel wirksamer), die sehr stark das Schulklima beeinflussen.

Fleischer (1990, S. 54), der die Regeln zum einen in sprachlich kodierte (explizite) oder nicht kodierte (implizite) und zum anderen in funktionale (in bezug auf das Erreichen bestimmter Ziele) oder dysfunktionale einteilt, liefert einige Beispiele, die Ihnen sicher nicht unbekannt vorkommen, z.B.:

Kodierte funktionale Regeln:

- »Sprich im Unterricht nicht ohne Erlaubnis, melde dich zuvor!«
  (Schüler-Lehrer-Regel)
- »Bei der Gestaltung des Stundenplanes sind die Kollegen gleich zu behandeln!«
  (Lehrer-Lehrer-Regel)
- »Bei Verhaltensauffälligkeiten eines Kindes berate dich mit seinen Eltern!«
  (Lehrer-Eltern-Regel)

Nicht kodierte funktionale Regeln:

- »Bestimmte Sprachinhalte (z.B. Fluchen, Obszönitäten) sind verboten!«
  (Lehrer-Schüler-Regel)
- »Über Kollegen wird an unserer Schule nicht geklatscht!«
  (Lehrer-Lehrer-Regel)
- »Häufig ist es besser, über Probleme (bei einem Schüler oder einem Lehrer) nicht zu sprechen, weil sie dadurch nur noch größer werden!«
  (Lehrer-Schüler- oder Lehrer-Lehrer-Regel)

Kodierte dysfunktionale Regeln:

- »Pädagogische Konferenzen brauchen wir nicht; wir sind doch alle erfahrene Pädagogen!«
  (Lehrer-Lehrer-Regel)
- »Wir setzen uns doch alle für das Wohl unserer Schüler ein!«
  (Lehrer-Schüler-Regel; diese Regel ist dysfunktional, weil unpräzise)
- »Wir sagen dem Beratungslehrer, wo wir das Problem sehen, und das soll er dann gefälligst beseitigen!«
  (Lehrer-Beratungslehrer-Regel)

Nicht kodierte dysfunktionale Regeln:

- »Wenn der Schulleiter eine Konferenz leitet, werde(n) ich/wir ihm schon deutlich machen, wer hier das Sagen hat!«
  (Lehrer-Schulleiter-Regel)
- »Über die zwischenmenschlichen Konflikte unter den Kollegen sprechen wir nicht, denn wir haben gar keine. Und wer sich nicht an diese Regel hält, kriegt Ärger mit mir/uns!«
  (Lehrer-Lehrer-Regel)
- »Der Beratungslehrer kann an unserer Schule in Ruhe arbeiten; aber wenn er von uns Mitarbeit fordert, verweigern wir uns!«
  (Lehrer-Beratungslehrer-Regel)

1.1.3 Schulische Subsysteme

a) Schulklassen
Die unterschiedlichen Klassen im System einer einzelnen Schule stehen in Beziehung zueinander und werden von LehrerInnen miteinander verglichen. Diese stimmen zum Beispiel darin überein, eine sehr schwierige Klasse vor sich zu haben.

b) Das Kollegium
Wir teilen die Auffassung von Pieper (1986), der das Lehrerkollegium als das zentrale schulische Subsystem begreift. Er sieht die Situation des/r einzelnen LehrerIn durch vier wesentliche Merkmale gekennzeichnet:
- isolierte Arbeitsbedingungen;
- prinzipielle Individualisierung der pädagogischen Arbeit;
- kollektive Strategien zur Vermeidung von Konflikten und offenen Gefühlsäußerungen;
- Bildungen von Gruppen und Cliquen.

Pieper sieht das Kollegium im Gegensatz zu den meisten anderen innerschulischen Subsystemen als ein personalstabiles und dauerhaftes Subsystem, um so mehr, als es gegenwärtig vom Lehrernachwuchs abgeschnitten ist. Dadurch werden viele Kollegien, ähnlich wie Familien, zu traditionsreichen systemischen »Langzeitgebilden«.

Nach seiner Auffassung drücken sich Schwächen im Kooperationsvermögen eines Kollegiums am deutlichsten in den Situationen aus, in denen es gefordert ist, als Ganzes Probleme aufzugreifen, Lösungen zu entwickeln und gemeinsame Entscheidungen zu treffen, nämlich in den regelmäßig stattfindenden Lehrerkonferenzen.

Pieper listet vor allem folgende Mängel auf:

- »Unklarheit über Themen und Zielsetzungen zu Konferenzbeginn;
- strukturloser Ablauf der Sitzungen;
- langatmige Gesprächsleitung, alleinige Moderation durch den Schulleiter;
- ermüdendes Dauerplenum: wenige Vielredner, unbeteiligte Mehrheit;
- belastende Untergrundspannungen zwischen Kollegiumsfraktionen;
- unbefriedigende Entscheidungsprozesse;
- unklare Beschlüsse;
- chronisches Überziehen des Zeitrahmens;
- behindernde Rahmenbedingungen: zu kleiner Raum, ungünstige Konferenzzeit, starre Sitzordnung u.a.m.«
  (Pieper 1986, S. 60).

Es lassen sich noch eine Reihe weiterer schulischer Systeme definieren, die auf die Schulklasse und damit den einzelnen SchülerInnen einwirken: die Elternvertretung, die Schulleitung und schulische Exposysteme, wie die politische Ausrichtung und pädagogische Einstellung von LehrerInnen oder die sozialen Verhältnisse, aus denen die SchülerInnen stammen (v. Schlippe 1984).

Im folgenden wollen wir anhand von konkreten Fallbeispielen die weiter oben erläuterten Zieldimensionen »power« (Machtgefüge der Schule), »meaning« (pädagogischer Konsens, pädagogisches Weltbild) und »affect« (Nähe – Distanzregulierung, Sympathie – Antipathie) näher erläutern.

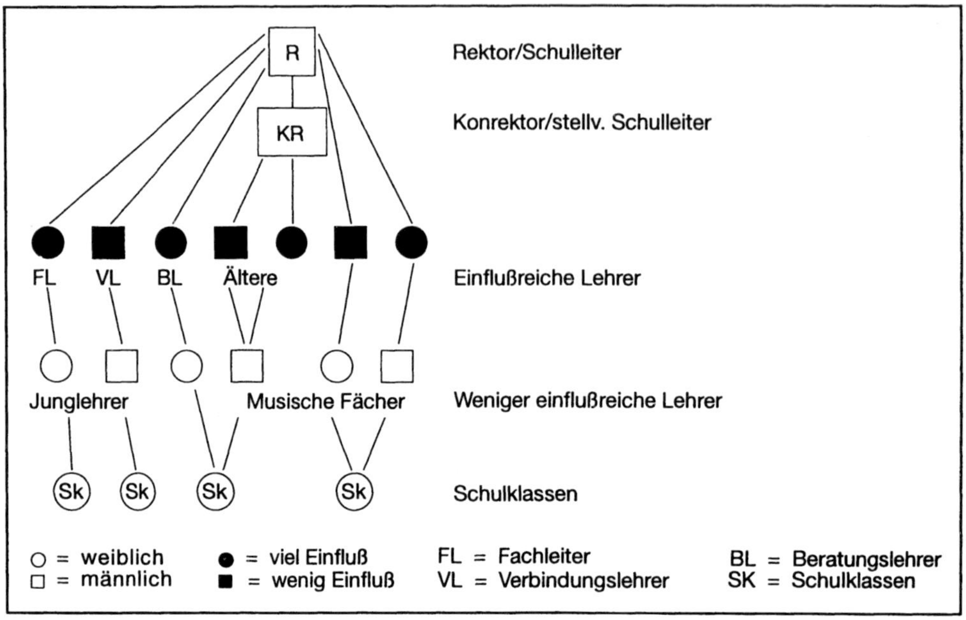

Abb. 3: Formelle Machtstruktur an unserer Schule

Erläuterung zu Abbildung 3:

Hierbei handelt es sich um eine idealtypische Systemstrukturzeichnung, in der die Machtstruktur des Kollegiums fein säuberlich nach formaler Position, Alter, Wichtigkeit der Fächer usw. gegliedert ist, wie sie in der Realität so gut wie nie auftreten wird.

Aufschlußreicher dürfte da die in Abbildung 4 gezeigte informelle Machtstruktur eines Kollegiums sein:

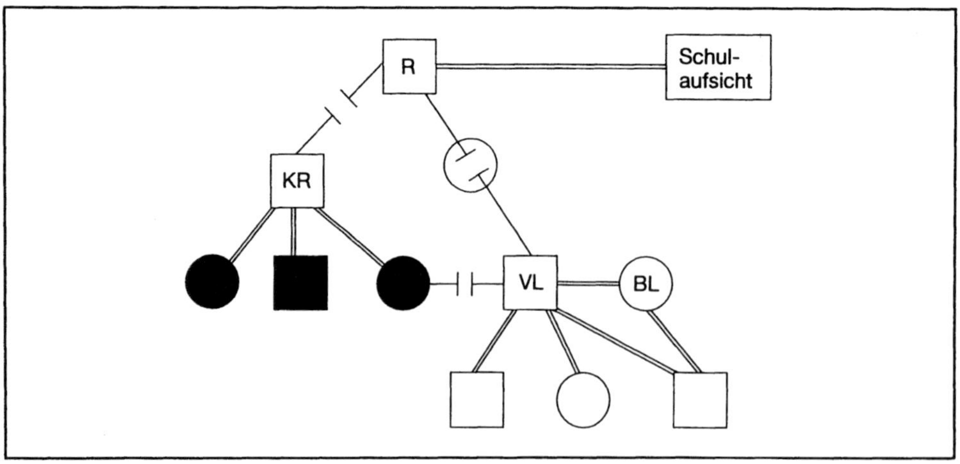

Abb. 4: Informelle Machtstruktur

Erläuterung zu Abbildung 4:

In diesem Beispiel ist die Position des Schulleiters zwar formal besetzt, informell wird sie jedoch von ihm nicht ausgefüllt: Er kann beispielsweise Konflikte nicht klar aussprechen und durchstehen, statt dessen verschanzt er sich hinter der Schulaufsicht. Ans Kollegium kann er keine Verantwortung delegieren, beschwert sich jedoch andererseits über einen mangelnden Rückhalt im Kollegium. Vom Kollegium wird er aber auch nicht als Führungsperson akzeptiert, sondern abgelehnt und als »schwache Figur« nicht ernst genommen.

Dafür hat der stellvertretende Schulleiter (er sollte ursprünglich eigentlich nach Wunsch eines Teils des Kollegiums die Schulleiterstelle erhalten) einige Führungsfunktionen an sich gerissen, die er mittels einer Hausmacht von einigen älteren und einflußreichen KollegInnen durchsetzt. Diese Gruppe sieht sich vom pädagogischen Weltbild und der bildungspolitischen Einstellung her eher im »konservativen Lager«.

Mit dieser Gruppe in Konflikt steht eine andere Fraktion im Lehrerkollegium, die sich eher als »progressiv«, gewerkschaftlich orientiert und der Bildungsreform gegenüber aufgeschlossen erlebt. Sie wird angeführt vom Verbindungslehrer, der großen Rückhalt in der Schülerschaft hat und von der Beratungslehrerin, die als pädagogisch und psychologisch kompetent gilt.

Verkürzt ausgedrückt haben wir es also hier mit einem gespaltenen Lehrerkollegium und einem schwachen Schulleiter zu tun, wobei die Tatsache besonders schwer ins Gewicht fällt, daß der Führungsstil des Schulleiters einen enorm großen Einfluß auf das Schulklima hat.

Wenn es um die Klärung problematischer Situationen im Schulalltag von LehrerInnen im Rahmen einer Supervision (aber nicht nur dort) geht, erweist es sich immer wieder als sehr nützlich, sein eigenes Kollegium mit Hilfe der oben vorgestellten Systemanalysemethoden näher zu beleuchten: Sehr oft stellt sich dann nämlich ein vordergründig *individuelles Problem* tatsächlich als Spiegelung eines *Kollegiumproblems* heraus.

Erläuterung der Dimensionen Nähe/Distanz (Sympathie/Antipathie) sowie des pädagogisches Selbstverständnis anhand eines Fallbeispiels:

Wenn der Kollege A, der bekannt ist für seinen äußerst autoritären Unterrichtsstil, das Lehrerzimmer nach einer Unterrichtsstunde in der Klasse 9b betritt, beschwert er sich immer wieder über die mangelnde Disziplin, die Unruhe und Unordnung in dieser Klasse. Er muß dann dort wieder einen »Zug reinbringen«, »die Sau rauslassen«, »die mal wieder auf Vordermann bringen«.

Teils offen, teils verdeckt schiebt er die Schuld für diesen Zustand der Kollegin B zu, die bekannt ist für ihren Laissez-faire-Stil. Einige ihr nicht wohlgesonnene KollegInnen sagen, sie sei »überfordert« und »biedere sich den SchülerInnen an«.

Die Kollegin B. beschwert sich hinwiederum im Lehrerzimmer nach einer Unterrichtsstunde in der besagten Klasse 9b des öfteren darüber, daß die Klasse nach einer Unterrichtsstunde beim Kollegen A. unter Druck wie in einem Dampfkochtopf kurz vor der Explosion stünde, sie gar nicht mit dem Unterricht beginnen könne und den SchülerInnen erst mal Gelegenheit geben müsse, »Dampf abzulassen«.

Erschwerend kommt hinzu – vielleicht ist es aber auch die Ursache –, daß sich Kollege A. und Kollegin B. überhaupt nicht leiden können, aber dieses Problem noch nie direkt miteinander ausgetragen haben. Statt dessen wählen sie den Weg über eine *Konfliktumleitung* (übrigens ein beliebtes »Spiel« in sozialen Systemen), d.h., der Sympathie-Antipathie-Konflikt

(Affektdimension) wird nicht direkt zwischen den beiden geklärt, sondern umgeleitet in Form einer Auseinandersetzung über das »richtige« Verständnis von Pädagogik (meaning-Dimension). Sie streiten also im Lehrerzimmer oder während Lehrerkonferenzen darüber, wie man pädagogisch sinnvoll mit einer schwierigen Klasse, einem schwierigen Schüler oder mit sonstigen pädagogischen Herausforderungen umgeht.

Die Konfliktumleitung ist schon so weit ritualisiert, daß alle Konferenzteilnehmer vorhersagen können: »Immer wenn sich Kollegin B. mit einem Beitrag zu Wort meldet, kontert Kollege A. mit einem entsprechende Gegenbeitrag.« Die Inhalte sind also austauschbar, die gestörte Beziehung bleibt erhalten.

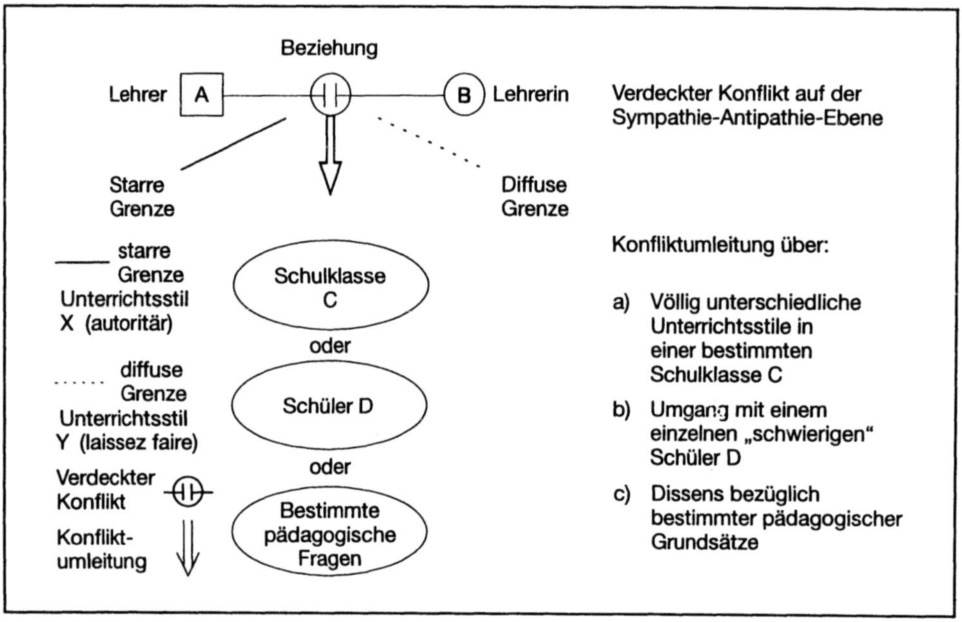

Abb. 5: So etwa sieht die Konfliktsituation visuell dargestellt aus

1.1.4 Selbstwert und Position im Kollegium

Wenn wir in unserer systemischen Betrachtung der Schule den Fokus auf den einzelnen Lehrer, die einzelne Lehrerin richten, können wir stark vereinfacht postulieren: Sein/ihr Wohlbefinden in der Schule wird um so besser sein, je höher sein/ihr Selbstwertgefühl ist. In der Regel unternehmen wir nämlich alles, um unseren Selbstwert zu erhöhen bzw. ihn vor Angriffen und Herabsetzungen zu schützen.

Der (berufliche) Selbstwert hinwiederum wird stark beeinflußt von der Position (vor allem der informellen), die wir innerhalb des Kollegiums haben. Diese bildet sich aus den bereits oben geschilderten Zieldimensionen Einfluß vs. Ohnmacht, z.B. infolge von Kompetenz oder mangelnder Kompetenz, Nähe vs. Distanz sowie pädagogischem Konsens vs. pädagogischem Dissens.

Anders ausgedrückt: *Je mehr Einfluß, je mehr freundschaftliche Beziehungen und je mehr Übereinstimmung in pädagogischen Grundfragen wir im Kollegium haben, desto größer ist die Chance, daß unser Selbstwert hoch ist bzw. hoch bleibt.*

Oder umgekehrt: Wenn unser Einfluß im Kollegium gering ist, wenn wir vom Kollegium abgelehnt und ignoriert werden und wenn wir mit unserer pädagogischen Auffassung allein dastehen, ist die Gefahr groß, daß unser Selbstwert Schaden nimmt, leidet.

Wenn wir also im Rahmen einer Supervision unsere Schule bzw. unser Lehrerkollegium als soziales System analysieren, gehört die kritische Betrachtungsweise unserer eigenen Position innerhalb des Kollegiums unabdingbar dazu.

Visuell-symbolisch haben wir die »Nahrung« für den Stellenwert in Abbildung 6 dargestellt:

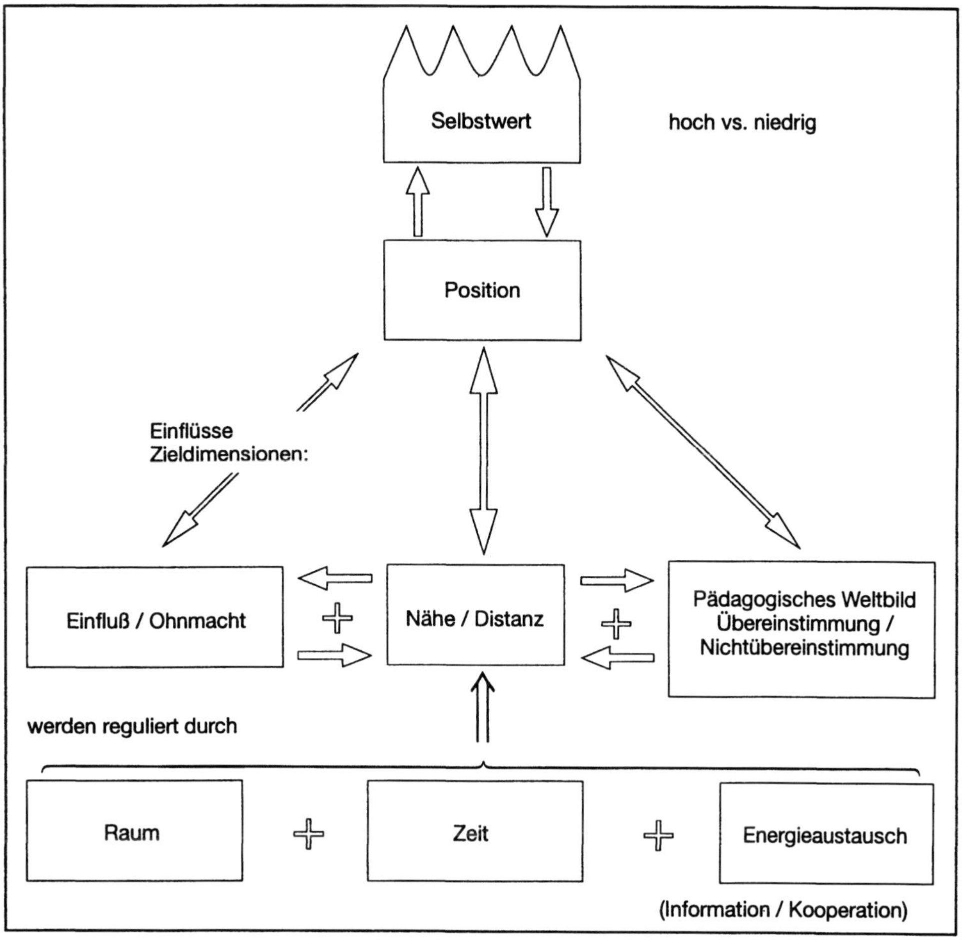

Abb. 6: Selbstwert und Position im Kollegium (Team)

1.2 Das Gebäude erfolgreichen Lehrens

Die Bewältigung der auftretenden Schwierigkeiten und Probleme und somit das erfolgreiche Lehren hängen von verschiedenen Faktoren auf hierarchisch von unten nach oben angeordneten Ebenen ab, die sich idealtypisch im folgenden Modell als »Gebäude des erfolgreichen Lehrens« darstellen lassen.

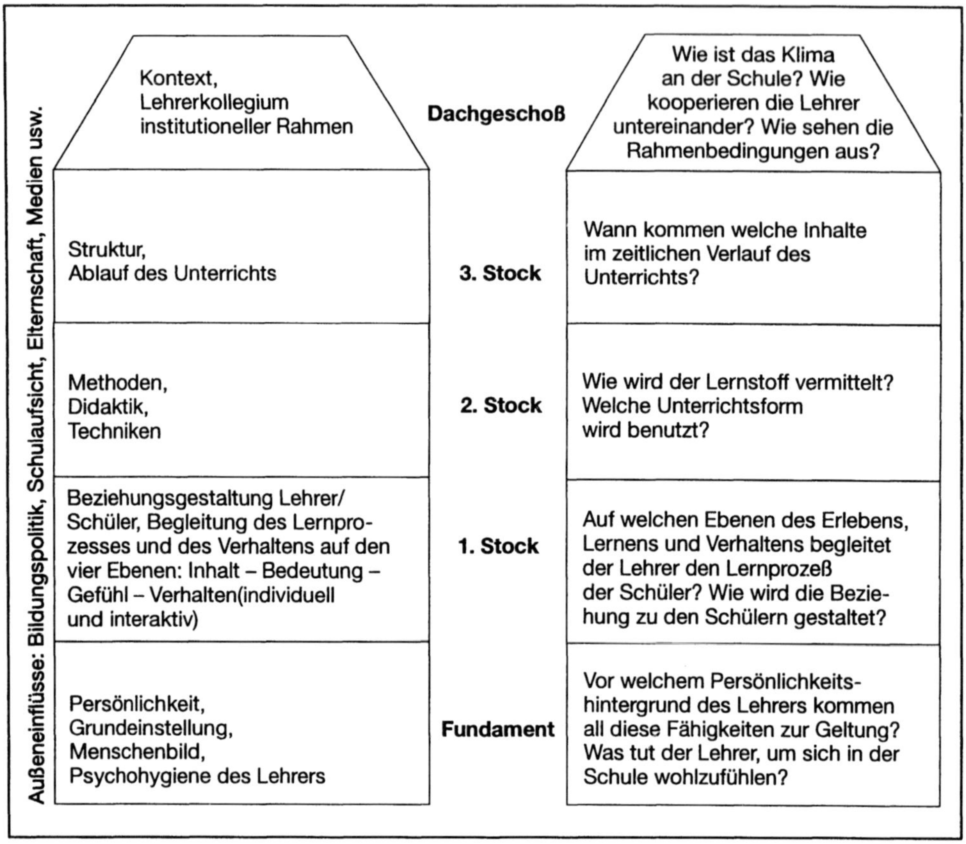

Abb. 7: Das Gebäude erfolgreichen Lehrens

Bezogen auf die einzelnen Stockwerke des symbolischen Gebäudes des »erfolgreichen Lehrens« lassen sich, je nachdem auf welcher Ebene das Problem angesiedelt ist, die folgenden Supervisionsthemen und -ziele ableiten:

Das Fundament:

Mögliche, die Lehrerpersönlichkeit betreffende Supervisionsthemen
- Verbesserung der Kontakt- und Kommunikationsfähigkeit
- Erhöhte Sensibilität in der Selbst- und Fremdwahrnehmung (Wahrnehmung zwischenmenschlicher Prozesse)
- Selbstsicherheit, in seiner Mitte bleiben können
- Hoher Selbstwert
- Selbstschutz vor Überforderung
- Zugang zu inner- und außerschulischen positiven Energiequellen
- Fähigkeit, sich klar abgrenzen zu können
- Kritikfähigkeit
- Konfliktfähigkeit
- Lebendigkeit und Beweglichkeit

- Kreativität
- Neugierde
- Humor
- Absolute Achtung der Persönlichkeiten von SchülerInnen, KollegInnen, Eltern.

1. Stock:

Mögliche, die LehrerIn-SchülerIn-Beziehung betreffende Supervisionsthemen
- Stärkung der kommunikativen Kompetenz zum Umgang mit Unterrichtsstörungen
- Stärkung der Beratungs-/Gesprächsführungskompetenz
- Klare (anstatt diffuse oder starre) Grenzziehungsprozesse, Konsequenz
- Ablehnung einer Ersatzelternrolle

2. Stock:

Mögliche die Methodik und Didaktik betreffende Supervisionsthemen
- Förderung ganzheitlicher und erfahrungsorientierter Lernprozesse
  a) psychomotorisches (handlungsorientiertes) Lernen
  b) kognitive Lernprozesse c) emotionale Lernprozesse d) soziale Lernprozesse
- Stärkerer Einbezug der Schulumwelt, Projektunterricht
- Begleitung selbstverantwortlicher Lernprozesse (Tages-/Wochenpläne)
- Verstärkung der Fähigkeit, SchülerInnen motivieren zu können (positive Suggestionen, Rückmeldung, Lob)
- Verstärkung der Fähigkeit zur Vermittlung von Lernstrategien (»das Lernen lernen«)

3. Stock:

Hier geht es um Themen, die erfahrungsgemäß äußerst selten in eine Supervision eingebracht werden, da sie in der Regel zum vorhandenen Handwerkszeug erfahrener KollegInnen gehören, wie z.B.
- Phasen des Unterrichtsverlaufs
- didaktischer Aufbau einer Unterrichtseinheit
- Wechsel von Phasen der Anspannung und Entspannung
- Berücksichtigung der Aufmerksamkeitsspanne der SchülerInnen usw.

Dachgeschoß:

Das Lehrerkollegium als zentrales Subsystem in der Schule als Thema der Supervision
- Supervision von Lehrergruppen bzw. Lehrerkollegien (kleine Schulen) durch AußensupervisorIn/ohne AußensupervisorIn
- Schaffung eines pädagogischen Konsenses:
  a) im Verhaltensbereich b) im Leistungsbereich c) in der Unterrichtsgestaltung
- Kooperation innerhalb des Lehrerkollegiums (Austausch von Unterrichtsmaterialien, Hospitation usw.)
- Kooperation Lehrerkollegium – Elternschaft
- Offenes Austragen und Ansprechen von Konflikten anstelle von Konfliktumleitungen
- Viele gemeinsame innerschulische Aktivitäten (LehrerInnen – Eltern – SchülerInnen, Feste, Projekte usw.)

- Viele gemeinsame außerschulische Aktivitäten (Lehrertreffen, LehrerInnen – SchülerInnen, LehrerInnen – Eltern, Schullandheim usw.)
- Aktives Einführen neuer KollegInnen
- Delegation von Verantwortung an eine möglichst breite Gruppe innerhalb des Kollegiums (Mitbestimmung)
- Innovationsbereitschaft statt Rigidität (Verkalkung)
- Verhinderung von feindseligen Fraktionierungen (Flügelkämpfe)
- Regelmäßige pädagogisch-psychologische Konferenzen
- Mehr Effektivität in Gesamtlehrerkonferenzen durch klare Konferenzregeln

Außeneinflüsse, Bildungspolitik

Obwohl dieses Thema eher seinen Platz in der gewerkschafts- und bildungspolitischen Arbeit als in einer kollegialen Lehrersupervisionsgruppe hat, gestaltet diese Ebene selbstverständlich den Arbeitsplatz und die Arbeitsbedingungen von LehrerInnen stark mit, weshalb wir der Vollständigkeit halber im folgenden einige wichtige diesbezügliche Forderungen auflisten wollen:
- Stärkung der Persönlichkeitsbildung in der LehrerInnenaus- und -fortbildung
- Stärkung der Beziehungs-, Kommunikationskompetenz der LehrerInnen in der Aus- und Weiterbildung
- Größere Autonomie der einzelnen Schule
- Einrichtung von Praktika an allen Schularten
- Erhöhung der Anzahl von Ganztagsschulen (besonders notwendig für Kinder berufstätiger Eltern und unvollständiger Familien)
- Stärkerer Einbezug der Arbeitswelt in den Unterricht
- Geringere Anzahl der unterrichtenden LehrerInnen pro Klasse, vor allem in der Primarstufe und Sekundarstufe I
- Schulorganisatorische Absicherung von Supervisionsmöglichkeiten als Instrument schulinterner Lehrerfortbildung
- Stärkere Betonung von Lernstrategien (Prozesse der Informationsselektion und Verarbeitung) statt von Lerninhalten
- Förderung von Systemdenken (vernetztes Denken) in allen Fächern (überlebenswichtig)
- Mehr Raum für Kooperation innerhalb des Kollegiums durch veränderte Schulverfassung

Eine wesentliche Aufgabe der kollegialen Supervisionsgruppe besteht nun darin, LehrerInnen bei der Erkenntnis zu helfen, in welchem Stockwerk ihr Problem hauptsächlich angesiedelt ist.

LehrerInnen, die sich Hilfe in der Supervisionsgruppe holen, entscheiden dabei allein, auf welcher Ebene sie Veränderungen anstreben bzw. welches Stockwerk sie zur Sprache bringen wollen.

In einer selbstorganisierten (kollegialen) Lehrersupervisionsgruppe werden auch vor allem im Bereich des Dachgeschosses und des Fundamentes Grenzen gesetzt sein (vgl. Kap. »Ausblick: Grenzen und Risiken ...«, S. 107).

Das Ziel der Hilfe wird also allein von denjenigen LehrerInnen bestimmt, die ihre jeweiligen Probleme vortragen. Übergreifende Bitten an die Supervisionsgruppe können zum Beispiel sein:

»Helft mir, mein Leiden zu beenden!«
»Helft mir, mein Wissen zu erweitern!«
»Helft mir, meine Lage zu ertragen!«
»Helft mir, meine Lage zu verbessern!«
(Brandau 1991)

Supervision überschneidet sich mit vielen anderen Bereichen, zu denen einerseits eine deutliche *Abgrenzung* notwendig, andererseits eine reflektierte Übernahme einiger Elemente sinnvoll ist (vgl. Abb. 1, S. 13).

1.3 Kommunikation und Interaktion – zwischenmenschliche Beziehungen

Mit dem nachfolgend vorgestellten kommunikationspsychologischen Modell haben wir die Erfahrung gemacht, daß es sich als sehr nützlich und hilfreich sowohl für die Supervisionsarbeit als auch für Beratung, Gesprächsführung und den Unterricht erwiesen hat. Es stellt sozusagen eine kognitive Landkarte, ein Grundlagenmodell für die Informationsaufnahme und -verarbeitung und davon abgeleitete Reaktionsprozesse im zwischenmenschlichen Bereich dar.

Erläuterungen zu Abbildung 8 anhand eines Fallbeispiels:

Situation:

Die siebenjährige Tatjana (1. Grundschulklasse, drei Wochen nach Schuljahrsbeginn) steht kurz nach Beginn der 1. Schulstunde weinend und schreiend vor dem Klassenzimmer, klammert sich an ihre Mutter und weigert sich, das Klassenzimmer zu betreten, mit der Begründung, sie habe »Angst«.

① *Wahrnehmung der Situation:*

Durch die Lehrerin Sybille M.: Sie sieht einige (natürlich nicht alle) der Verhaltensweisen Tatjanas und hört, wie die Mutter Tatjana bittet, ja geradezu anfleht, doch ins Klassenzimmer zu gehen. Sie sieht nicht, daß die Mutter einige nonverbale Signale aussendet, die ein Beobachter als subtile Botschaft an Tatjana auffassen könnte, ihre verbalen Aussagen (ins Klassenzimmer zu gehen), nicht so ernst zu nehmen: Sie drückt Tatjana an sich, streichelt sie zärtlich, zuckt hilflos mit den Schultern, der Tonfall ihrer Stimme ist brüchig und zittrig usw.

Erläuterung zu ①:
Wir nehmen immer nur einen mehr oder weniger großen Ausschnitt dessen wahr, was man als soziale Situation bezeichnet. Wir können nie alle dargebotenen Informationen wahrnehmen.
Dabei handelt es sich jedoch nicht nur um eine Überforderung unserer Sinnesorgane, Sehen, Hören, körperlich Spüren, Riechen und Schmecken, sondern auch um *Wahrnehmungsverzerrungen* und *-einschränkungen* (sogenannte selektive Wahrnehmung, sogenannte »blinde Flecken«), die durch unsere Einstellungen, Glaubenshaltungen und Gefühle (siehe Prozesse 2 und 3) beeinflußt werden.

② *Bedeutung*, die die Lehrerin Sybille M. der von ihr so wahrgenommenen Situation gibt:

Sie interpretiert Tatjanas Verhalten als »Schulangst« und glaubt, daß Tatjana vor ihr Angst habe, weil sie sie neulich ermahnt hat, während des Unterrichts nicht immer wieder aufzustehen und im Klassenzimmer herumzulaufen.
Sie denkt, sie sei »verantwortlich« für Tatjanas Verhalten. In Sybille M. existiert neben dieser *aktuellen* Bedeutungsgebung noch eine *überdauernde* grundlegende innere Glaubenshaltung (Einstellung), die besagt, »daß man jüngere SchülerInnen nicht hart anpacken soll«. Die *aktuelle* Bedeutungsgebung ist für sie also eine Bestätigung der überdauernden inneren Glaubenshaltung.

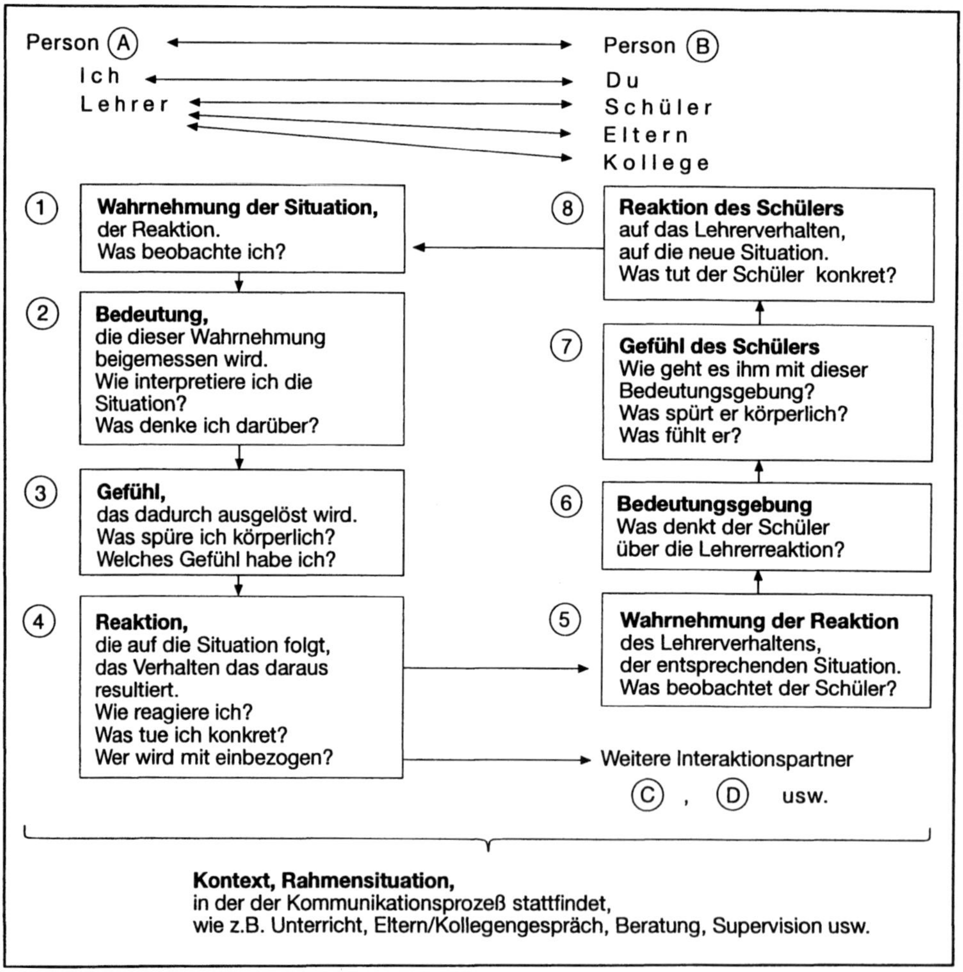

Abb. 8: Kommunikationspsychologisches Modell des menschlichen Erlebens und Verhaltens

Erläuterung zu ②:
Wir müssen also einmal unterscheiden zwischen *aktuellen*, d.h. auf die jeweilige Situation bezogenen Bedeutungsgebungen und *überdauernden* Bedeutungsgebungen (innere Glaubenshaltungen und Einstellungen).
In der aktuellen Bedeutungsgebung kann noch einmal eingeteilt werden in *kausale* Interpretation, wie z.B.: Tatjana verhält sich so, *weil* ich als ihre Lehrerin sie neulich ermahnt habe, und in *finale* Erklärungsversuche, z.B. Tatjana verhält sich so, *um* Macht und Kontrolle über ihre Mutter zu erhalten. Letzteres würde also eine alternative Bedeutungsgebung zu der von Frau Sybille M. dargestellten sein.
Überdauernde Bedeutungsgebungen (innere Glaubenshaltungen, Einstellungen) können unterschieden werden in eher *einengende, negative Einstellungen* wie z.B.: »Ich bin immer an allem schuld«, »Mich mag eh niemand«, »Ich werde nur gemocht, wenn ich eine gute Leistung erbringe« usw. und in Wahlmöglichkeiten erweiternde, *positive Einstellungen* wie z.B.: »Ich kann Probleme selbst bewältigen«, »Ich werde es schon schaffen«, »Die meisten Mitmenschen mögen mich«, »Ich bin wertvoll und liebenswert« usw.
Es geht dabei allerdings nicht um Kategorien wie »richtige« oder »falsche« Einstellung, sondern eher darum, wie *nützlich* oder *hinderlich* diese Einstellungen in der Lebensbewältigung des Betreffenden im Sinne einer mehr oder weniger erfolgreichen Alltagsbewältigung und Lebensgestaltung sind.
Diese überdauernden Einstellungen werden durch die persönliche Sozialisationsgeschichte des Betreffenden, seinen Freundeskreis usw. geformt.

③ *Gefühl*, das bei Frau Sybille M. durch diese Bedeutungsgebung ausgelöst wird:

Sie bekommt auf der psychischen Ebene Schuldgefühle, als mögliche Verursacherin von Tatjanas Schulängsten in Frage zu kommen. Auf der körperlichen Ebene verspürt sie Hitzewallungen, einen schnelleren Herzschlag, einen Kloß im Hals sowie ein Flattern in der Magengegend (ein ärztlicher Beobachter könnte bei ihr auch einen Anstieg des Blutdrucks feststellen).

Erläuterungen zu ③:
Eigentlich sind die psychische (gedankliche) und die körperliche Ebene beim Auftreten von Gefühlen untrennbar miteinander verknüpft. Ein Gefühl wird immer von Körperreaktionen begleitet, wobei diese von der betreffenden Person selbst zum Teil nicht oder nur unbewußt wahrgenommen werden. Besonders schwierig wird natürlich die Beobachtung von körperlichen Prozessen wie beispielsweise Blutdruckveränderung, Adrenalinausstoß usw. Ein außenstehender Beobachter wird in der Regel noch weniger – und hauptsächlich unterschwellig – die Gefühlsprozesse der betreffenden Person wahrnehmen. Dennoch gibt es eine Reihe von äußeren Anzeichen, wie z.B. Mimik, Gestik, Erröten oder Erbleichen, veränderte Stimme, Veränderung der Körperhaltung u.v.m.
Während also die Bedeutungsgebung für einen Interaktionspartner unsichtbar abläuft (er kann sie sich allerdings durch Fragen erschließen, vgl. Kapitel 4 und 5), sind die Gefühlsprozesse des Interaktionspartners teils unsichtbar, teils wahrnehmbar.
Dennoch bleibt festzuhalten: Auch jemand, der sich sehr genau selbst beobachtet, kann immer nur einen Bruchteil seiner Gefühle bewußt wahrnehmen!

④ *Reaktion*, die bei Frau Sybille M. infolge der vorausgegangenen Wahrnehmungs-, Bedeutungsgebungs- und Gefühlsprozesse ausgelöst wird:

Sie geht zu Tatjana und ihrer Mutter vor das Klassenzimmer, verschließt die Türe (die anderen Kinder befinden sich bereits alle im Klassenzimmer) und fragt Tatjana, wovor sie denn Angst habe. Tatjana antwortet nicht, wendet sich trotzig, mit dem Fuß stampfend von ihr ab und vergräbt ihren Kopf am Bauch der Mutter. Frau Sybille M. versucht nun ebenfalls beruhigend auf Tatjana einzureden und bittet sie inständig, doch ins Klassenzimmer zu kommen, allerdings ohne Erfolg. Ein außenstehender Beobachter würde jetzt zwei hilflos bittende Frauen und ein kleines, schreiendes, trotziges Mädchen sehen, das seinen Willen durchsetzt.

Erläuterung zu ④:
Reaktion im kommunikationspsychologischen Modell ist hier gemeint als Verhaltensreaktion in der Interaktion mit einem anwesenden Mitmenschen. Sicherlich kann meine Reaktion auch so aussehen, daß ich mich beispielsweise allein in mein Zimmer zurückziehe und dort mit dem Fuß aufstampfe oder weine. Uns interessieren allerdings hier eher die Verhaltensweisen verbaler (ich sage etwas) oder nonverbaler (ich tue etwas, handle) Art, die sich an einen anwesenden Interaktionspartner richten.

Deshalb nehmen wir uns im folgenden, gleichsam als Ausschnittsvergrößerung der Abbildung 8 in unserem Kommunikationsmodell, die waagrechten Ebenen ④ (d.h. Reaktion der Person A) und ⑤ (d.h. die Wahrnehmung dieser Reaktion durch eine anwesende Person B) in ihrer Wechselbeziehung vor:

Erläuterung zu Abbildung 9:

In unserem Fallbeispiel könnten die vier Grundaspekte einer Botschaft in der Reaktion der Lehrerin Frau Sybille M. etwa wie folgt aussehen:

1. *Information:* Frau Sybille M. teilt Tatjana mit, daß sie ins Klassenzimmer kommen soll.
2. *Appell:* Verbal und nonverbal äußert Frau Sybille M. ganz deutlich den *Wunsch*, daß sie Tatjanas Anwesenheit im Klassenzimmer wünscht.
3. *Selbstoffenbarung* (Gefühl): Frau Sybille M. signalisiert Tatjana auf der nonverbalen Ebene, daß sie sich hilflos und unsicher in der Durchsetzung ihres Wunsches fühlt.
4. *Beziehung:* Frau Sybille M. ist die Erwachsene, die Lehrerin (die Autoritätsperson?) und kann deshalb Tatjana sagen, was sie tun soll. Umgekehrt kann Tatjana der Lehrerin keine Befehle erteilen (auch wenn Tatjana sich in dieser Situation durchsetzt).

Ein treffendes Beispiel zur Illustration der vier Grundaspekte einer Botschaft stammt von Reinhold Miller (1990, S. 144f.):

»Beispiel: Sie kommen zu spät zu einer Konferenz. Der Schulleiter sieht auf die Uhr und sagt: ›Es ist jetzt bereits 14.15 Uhr.‹

– Die vier Seiten des Senders:
Sachinhalt: Es ist 14.15 Uhr.
Selbstoffenbarung: Ich ärgere mich über Ihr Zuspätkommen.
Beziehung: Ich, als Ihr Schulleiter, bin enttäuscht von Ihnen.
Appell: Kommen Sie in Zukunft bitte pünktlich!

Weil der Schulleiter seine Botschaft nicht aufschlüsselt und seine vier Seiten nicht klar ausspricht, sind Sie als Empfänger ›gezwungen‹, seine vier Seiten herauszuhören, d.h. aber auch zu interpretieren.«

Wie aus der Abbildung 8 ersichtlich wird, können wir nun den für die Lehrerin Sybille M. analysierten Prozeß von der ① – Wahrnehmung bis ④ – Reaktion in analoger Weise für die

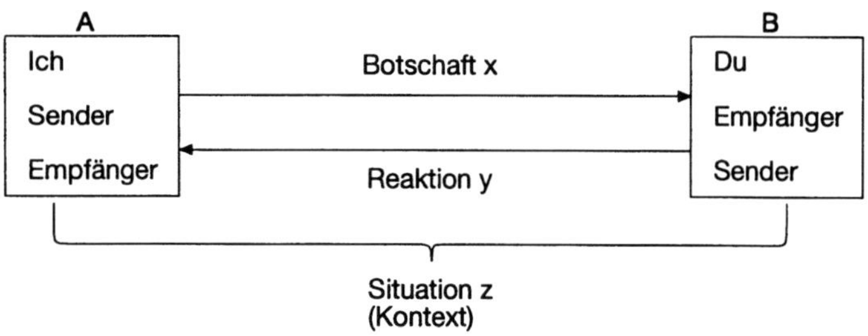

Abb. 9

Grundsätze:

– Kommunikation ist ein wechselseitiger (zirkulärer) Prozeß.
– Die Beziehung ist wichtiger als der Inhalt.
– Der Inhalt wird hauptsächlich über die verbale, die Beziehung über die nonverbale Ebene vermittelt.
– Immer wiederkehrende Interaktionen führen allmählich zu Verfestigungen, d.h. Strukturen.

Die vier Grundaspekte einer Botschaft lauten:

1. Information
2. Appell
3. Selbstoffenbarung (Gefühl)
4. Beziehung

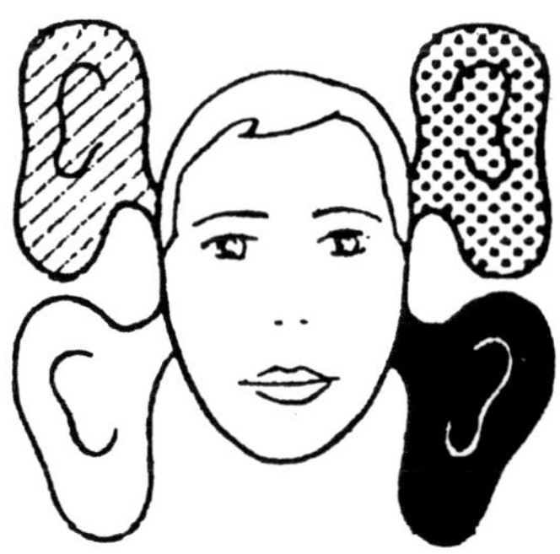

Abb. 9: Kommunikation und Interaktion (Ebene ④ ↔ ⑤) (nach Schultz von Thun 1989)

Schülerin Tatjana durchspielen, von ⑤ – Wahrnehmung der Reaktion der Lehrerin – bis ⑧ – Reaktion Tatjanas auf diese Reaktion.
Verkürzt ausgedrückt könnte dieser Prozeß wie folgt aussehen:

⑤ Tatjana *nimmt* von den oben geschilderten vier Botschaften der Lehrerin in erster Linie deren Selbstoffenbarung (Gefühl der Hilflosigkeit und Unsicherheit) *wahr*.
⑥ Sie gibt dem die *aktuelle Bedeutung*, daß schon nichts Gravierendes passieren wird, wenn sie sich weigert, ins Klassenzimmer zu kommen. In der *überdauernden* Bedeutungsgebung (Einstellung) zieht sie unterschwellig gewisse Parallelen zwischen der Hilflosigkeit der Mutter und der Lehrerin. Beide zeigen in ihren Reaktionen ihr gegenüber gewisse Ähnlichkeiten.
⑦ *Gefühlsebene Tatjanas:* Auf einer eher unbewußten Ebene spürt Tatjana Macht über Mutter und Lehrerin, die sie durch ihr auffälliges Verhalten erringt.
Anmerkung: Symptome sind häufig der mehr oder weniger unbewußte Versuch, Beziehungen zum Mitmenschen zu kontrollieren bzw. zu manipulieren!
⑧ *Reaktionsebene Tatjanas:* Sie verstärkt ihr Weinen und Brüllen, tritt sogar mit den Füßen nach Mutter und Lehrerin usw., bis Frau Sybille M. und die Mutter darin übereinkommen, Tatjana erst einmal ein paar Tage zu Hause zu lassen.

Nachgeschichte:
Nach diesen wenigen Tagen »Verschonung vor der Schule«, die Tatjana zu Hause bleiben durfte, hatte sich ihre Symptomatik Schulverweigern (in der Regel handelt es sich in solchen Fällen eher um ein Schulverweigern als um eine tatsächliche Schulangst) keineswegs verringert, sondern sogar noch verstärkt.

Die Mutter suchte den Kinderarzt auf, die Lehrerin Frau Sybille M. rief den zuständigen Schulpsychologen wegen eines Supervisionstermins an.

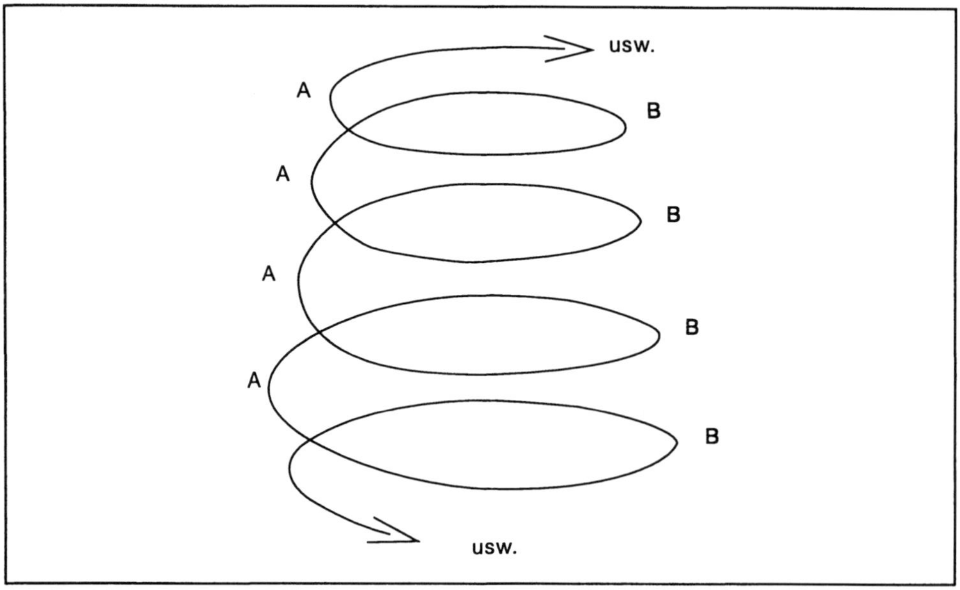

Abb. 10: Spiralmodell

Wir haben es also in der menschlichen Kommunikation und Interaktion nie mit Einbahnstraßenprozessen (A → B), sondern immer mit Wechselwirkungsprozessen (A ↔ B) bzw. mit Spiralprozessen zu tun.

Dabei stellt sich dann immer die *Frage der Interpunktion*, d.h., welchen Ausschnitt aus der endlosen Spirale von Aktion und Reaktion wollen wir uns in der Supervision näher betrachten?

Ebenso interessant ist es, bei sich immer wiederholenden Kommunikations- und Interaktions*prozessen* (die mit zunehmender Verfestigung zu sogenannten Beziehungs*strukturen* werden) erkennbare *Muster* zu suchen: Zum Beispiel jedesmal, wenn in einer Lehrerkonferenz sich die Kollegin B (vgl. Abschnitt 1.1.3) mit einem Vorschlag zu Wort meldet, wie mit einem *schwierigen* Schüler, einer *schwierigen* Klasse umzugehen sei, meldet sich der Kollege A mit einem Gegenvorschlag zu Wort. Daraufhin entspinnen sich zwischen den beiden heftige und sehr unfruchtbare Wortgefechte um die »richtige pädagogische Linie«. Nach Einschätzung eines großen Teils des Kollegiums können sich jedoch die beiden auf der persönlichen Ebene nicht leiden und leiten diesen Konflikt auf die Dimension des pädagogischen Weltbildes um.

Unabhängig von den aktuellen jeweiligen Inhalten handelt es sich also hier um das *Interaktionsmuster* »Konfliktumleitung von der Sympathie-/Antipathieebene auf die Ebene des pädagogischen Weltbildes«. Der situative Kontext, in dem das stattfinden kann, ist die Lehrerkonferenz, da eh keiner von beiden Lust verspürt, sich mit dem anderen irgendwo privat zu treffen.

Im Supervisionsprozeß kann übrigens anhand unseres Kommunikationsmodells noch etwas sehr Grundlegendes demonstriert werden, nämlich weshalb gutgemeinte Tips und Hinweise (sogenannte wohlmeinende Ratschläge) in der Regel wenig hilfreich sind.

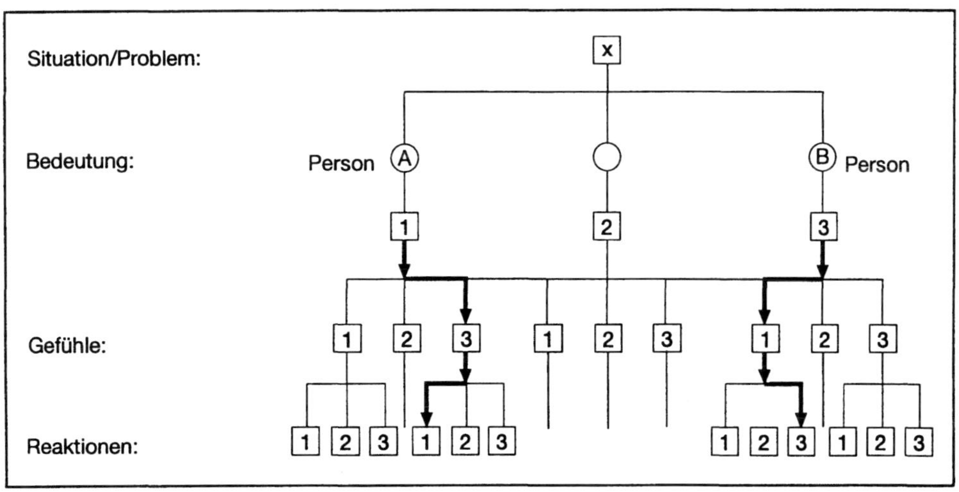

Abb. 11: Verzweigungsbaum der menschlichen Situations-Reaktionsprozesse (aus Hennig/Keller 1992, S. 117)

»Anhand des Verzweigungsbaumes kann deutlich gemacht werden, wie wenig sinnvoll es ist, kurzschlüssig von einer bestimmten geschilderten Problemsituation X des Gesprächspartners vorschnell Tips oder gute Ratschläge (auf der Reaktionsebene) nach dem Motto: ›Tu das oder tu jenes‹ zu erteilen.

Der beratende Lehrer müßte sicher sein (und das kann er nur, wenn er seinem doppelten Ich gegenübersitzt oder Gedanken lesen kann), daß die geschilderte Problemsituation X des Gesprächspartners bei diesem dieselbe Bedeutungsgebung, dieselben Gefühle und dieselben Reaktionen hervorruft, wie bei ihm selbst.

Da wir jedoch als unterschiedliche Menschen mit unterschiedlichen Nervensystemen ausgestattet sind, ferner sehr verschiedenen Sozialisationsprozessen und Lernerfahrungen ausgesetzt waren und außerdem in sehr verschiedenen Beziehungssystemen leben, ist es sehr unwahrscheinlich, daß Tips und Ratschläge des beratenden Lehrers für die geschilderte Problemsituation des Gesprächspartners passen. Hier kann es nur um reine Zufallstreffer gehen. Sinnvoller scheint demgegenüber die Prozeßbegleitung auf den Ebenen Bedeutung, Gefühle und Reaktionsverhaltensweisen.« (Hennig/Keller 1992, S. 117f.)

2. Überblick über den Prozeß einer kollegialen Lehrersupervision

Effektive und befriedigende Supervisionsarbeit verlangt eine Struktur, eine Übereinkunft aller TeilnehmerInnen über den Ablauf und die Reihenfolge der einzelnen Phasen und Themen sowie die Einhaltung von bestimmten Interaktionsregeln und formalen Kriterien. Dieses formale »Korsett« erleichtert die inhaltliche Arbeit, gibt dem Ganzen Struktur und Verbindlichkeit, unterscheidet die kollegiale Supervision von den Pausen- und Stammtischgesprächen über SchülerInnen, so hilfreich und entlastend diese auch sein mögen. Auch ist Supervision zu unterscheiden vom geselligen Beisammensein bei Bier und Wein.

Die in diesem Kapitel beschriebene Vorgehensweise hat sich in unserer Arbeit mit Lehrergruppen als hilfreich, nützlich und handhabbar erwiesen.

Durch das schrittweise Vorgehen in den einzelnen Phasen läßt sich vermeiden, daß voreilig Lösungsansätze auf der Handlungsebene erarbeitet werden, die nicht zur inneren Wirklichkeitskonstruktion des/der SupervisandIn passen. Die Vorgehensweise entspricht dem Kommunikationsmodell S. 29). Zunächst müssen Alternativen in der Wirklichkeitskonstruktion erarbeitet werden, bevor auf der Handlungsebene Strategien geplant werden können. Eine ähnliche Vorgehensweise schlagen auch Meidinger (1986) sowie Miller (1992) vor.

Die vorgeschlagenen Strukturen sind zwangsläufig idealtypischer Natur. In der praktischen Arbeit wird es immer Vermischungen der einzelnen Phasen geben, werden die Übergänge sehr fließend sein.

2.1 Nützliche und notwendige Vereinbarungen zur Durchführung einer kollegialen Supervision

Aufgrund unserer Erfahrungen mit Lehrergruppen sowie mit eigenen kollegialen Supervisionssitzungen halten wir folgende »Interaktionsregeln« für ebenso nützliche wie notwendige Voraussetzungen für das Gelingen von Supervisionssitzungen.

a) Feste Gruppe mit verbindlichem Charakter

Die TeilnehmerInnen einer Supervisionsgruppe sollten sich für einen längeren Zeitraum zur regelmäßigen Teilnahme verpflichtet fühlen. Nur so ist eine kontinuierliche Arbeit gewährleistet, Vertraulichkeit und Sicherheit kann entstehen. Die ideale Gruppengröße liegt dabei zwischen fünf und zehn Personen. Wie oft und wie lange sich eine Gruppe trifft, hängt natürlich von den persönlichen Bedürfnissen und der Zeitstruktur der einzelnen TeilnehmerInnen ab. Als günstig erwiesen sich jedoch Sitzungen von zwei bis vier Stunden, in einem Abstand von vier bis maximal acht Wochen.

b) Vertraulichkeit

Vertraulichkeit ist natürlich oberstes Gebot in Supervisionsgruppen. Jede/r TeilnehmerIn muß die Gewißheit haben, daß nichts, was in den Supervisionsgruppen besprochen wurde, nach außen dringt. Nur so ist gewährleistet, daß die TeilnehmerInnen offen über ihre Probleme sprechen und dadurch auch effektive Hilfe erhalten können. Es empfiehlt sich, von Zeit zu Zeit an diese Vertraulichkeit zu erinnern und sie sich gegenseitig zuzusichern.

c) Gruppenleitung

In selbstorganisierten und homogenen Gruppen ist es oft verpönt, eine/n LeiterIn oder eine/n SprecherIn zu bestimmen. Die *kollegiale* Supervisionsgruppe soll sich ja dadurch auszeichnen, daß alle gleichwertig sind, daß kein »Chef« oder »Guru« vorhanden ist. Dennoch empfehlen wir, für jede Supervisionssitzung einen Moderator oder eine Moderatorin zu wählen oder zu bestimmen, die bestimmte Aufgaben zur Strukturierung des Ablaufes haben. Diese Aufgaben können von den TeilnehmerInnen reihum wechselnd übernommen werden. Der/die ModeratorIn hat die Aufgabe, *den zeitlichen Ablauf der Sitzung zu strukturieren*, er wird von der Gruppe beauftragt, für die Einhaltung dieser *Zeitstruktur* und der *Gruppenregeln* (vgl. folgende Punkte) zu sorgen. Ohne diese »strukturierende Kontrollinstanz« besteht die Gefahr, sich zu »verzetteln«, zu sehr vom Thema abzuschweifen, daß es »Open-end-Sitzungen« gibt, oder daß einzelne Teilnehmer nicht zum Zug kommen (vgl. auch Arbeitsblatt 16).

d) Zeitstruktur

Vor jeder Sitzung sollte der Zeitpunkt festgelegt werden, wann die Sitzung zu Ende ist. Es ist dann die Aufgabe des/r ModeratorIn, für das pünktliche Ende zu sorgen.
Supervisionssitzungen mit einer Zeitdauer von ca. drei bis vier Stunden haben sich unserer Erfahrung nach als sinnvoll und praktikabel erwiesen.

e) Umgang mit Konkurrenzverhalten

Es kann passieren, daß GruppenteilnehmerInnen sich in Diskussionen festhaken, welches denn nun die »richtigere« Hypothese oder welche Maßnahme nun denn die »bessere« sei. Für Supervisionsgruppen gilt grundsätzlich, daß jeder/jede seine/ihre Sichtweise ohne Rechtfertigungsdruck äußern kann und daß der/die SupervisandIn allein entscheidet, was von dem Gesagten er/sie in welcher Form umsetzen möchte. Allein er/sie kann entscheiden, welche Idee oder Maßnahme für sie/ihn in der Problemsituation nützlich erscheint.

f) Protokollierung

Oft kommt es vor, daß während einer Fallbesprechung viele Ideen, Hypothesen, Vorschläge usw. genannt werden, die in der Kürze der Zeit gar nicht alle vom Supervisanden durchdacht werden können. Daher empfiehlt es sich, all diese Ideen und Vorschläge aufzuschreiben. Der/die SupervisandIn kann ein Gruppenmitglied bitten, diese Ideen für ihn/sie zu notieren, damit er/sie sich voll auf das Gruppengeschehen einstellen kann.

g) Ort

Die Supervisionsgruppe kann sich reihum bei einem der Teilnehmer oder an einem sonstigen atmosphärisch geeigneten Ort (in der Regel nicht in der Schule) treffen.

Es sollte eine klare zeitliche Trennung festgelegt werden zwischen einer »nüchternen« Arbeitsphase und einer Phase des geselligen Beisammenseins.

2.2 Überblick über die idealtypische Struktur einer Supervisionssitzung

1. *Organisation:* Festlegen von Ort, Zeit, Vorinformation der SupervisionsgruppenteilnehmerInnen.
2. *Auswahl* des/r ModeratorIn für die jeweilige Supervisionssitzung (falls nicht bereits zuvor erfolgt).
3. *Anwärmphase:* Kurzes Blitzlicht.
   a) Wo stehe ich gerade innerlich, d.h., wie geht es mir beruflich und privat?
   b) Gibt es eventuell noch »Reste« von der letzten Supervisionssitzung?
   c) Was will ich heute (nur Stichworte, Überschriften) mit welcher Dringlichkeit (Stufe 1 bis 3) in die Gruppe einbringen? Welches Problem möchte ich bearbeiten?
4. *Sammeln* der Beiträge durch ModeratorIn.
   Festlegen der Reihenfolge sowie der jeweils voraussichtlich benötigten Zeit je Supervisionsproblem in Absprache mit allen Gruppenmitgliedern.
5. *Problembearbeitung* (vgl. 2.3.2. bis 2.3.7.)
6. Kurzes *Rückmeldeblitzlicht* zum Verlauf der Supervisionssitzung (Positives, Negatives, Vorschläge für die nächste Sitzung).
7. *Verabschiedung* bzw. gegebenenfalls Übergang in ein geselliges Beisammensein.

2.3 Dic Phasen der Problembearbeitung

Tab. 2: Überblick

Phasen (wann)	**Themen (was)**	**Methoden (wie)**
1. Vorbereitung	Strukturieren des »Falles«, des Problems: – Was soll wie vorgestellt werden? – Welche Fragestellung an die Gruppe? – Auswahl der notwendigen Informationen an die Gruppe	Vor der Gruppensitzung: – LehrerIn allein, mit Hilfe von Arbeitsblatt, Fragenkatalog vor der Gruppensitzung – Strukturzeichnung, Soziogramm – Unterrichtsbeobachtung
2. Falldarstellung Problembeschreibung	– Informationen zum Problem, strukturiert, aufs Wesentliche beschränkt – Wann passierte was, Ablauf der Konfliktsituation, beteiligte Systeme (Personen) – Fragestellung an Gruppe	– Vortrag, LehrerIn spricht allein, stellt einen »Fall«, eine Konfliktsituation, ein Problem vor – Gruppe hört zu, achtet auf verbale und nonverbale Informationen, auf eigene Körperreaktionen, Gefühle, Assoziationen – System-Struktur-Zeichnung
3. Interview	– Weitere Informationsgewinnung – Kontext des Verhaltens, des Konfliktes, des Problems – Arbeitskontext des Lehrers, der Lehrerin – Konflikt, Verhalten, Problem als Interaktionszyklus, Fokus auf die vier Ebenen des Lehrers, der Lehrerin – Funktion des Konflikts, des Verhaltens, des Problems – Regeln der beteiligten Systeme	– Informations- und Verständnisfragen durch die Gruppenteilnehmer (noch keine Diskussion, keine Lösungsvorschläge und Rezepte) – Erweiterte System-Struktur-Zeichnung – Skulpturarbeit, Arbeit mit Seilen – Reflektierendes Team

Tab. 2: Überblick

Phasen (wann)	Themen (was)	Methoden (wie)
4. Gruppenfeedback	– Wirkung der Falldarstellung, der Problembeschreibung auf die GruppenteilnehmerInnen – Was wurde bei den Gruppenteilnehmern ausgelöst? Welche Eindrücke, Assoziationen, Ideen entstanden?	– Die Gruppenteilnehmer äußern ihre Gefühle und Eindrücke reihum, äußern ihre Assoziationen (visuell, auditiv, kinästhetisch), ihre Beobachtungen, ihre inneren und äußeren Wahrnehmungen – Bildung von Metaphern – Der/die Vortragende hält sich zurück, hört zu und nimmt auf, wie sein/ihr Vortrag erlebt wurde
5. Problemanalyse und Hypothesenbildung	– Ideen, Modelle, Erklärungen und Hypothesen – Einbeziehung aller Ursachenbereiche (Individuum, Schule, Elternhaus, Familie, Gesellschaft, Peer-group) – Suche nach Mustern und Wirkungszusammenhängen – Musterübertragungen – Triangulationen, Umleitungen usw. – Elemente der ökosystemischen Perspektive	– GruppenteilnehmerInnen äußern ihre Vermutungen, Phantasien, ohne Beweisdruck – Erweiterungen und Variationen der System-Struktur-Zeichnung – Der/die vortragende Lehrerin hört zunächst aufmerksam zu und läßt die Ideen auf sich wirken
6. Strategieplanung	– Erarbeiten von Handlungs- und Reaktionsalternativen, von Lösungsansätzen – Interventionsplanung, Planung von Maßnahmen – Selbstschutz, Psychohygiene – Anregungen zur Schaffung einer »nützlicheren« Wirklichkeitskonstruktion – Eskalationsebenen der Lösungsansätze – Systemische Strategien im Klassenzimmer	– Diskussion aller Teilnehmer – Spiegeln, Konfrontieren, Assoziieren, Phantasien, Fragen – Rollenspiele, Einübung – Skulpturen, Arbeit mit Seilen usw. – Der Lehrer, die Lehrerin legt fest, wie die weiteren Schritte zu planen sind
7. Rückmeldung	– Systematisierung der Äußerungen – Überprüfung auf Nützlichkeit und Brauchbarkeit	– Der/die Lehrerin gibt der Gruppe Rückmeldung – Der/die Lehrerin wählt aus, was ihm/ihr nützlich ist und was zu ihm/ihr paßt
8. Umsetzung und Kontrolle	– Unterstützung bei der Durchführung durch die Gruppe – Begleitung, Rückkoppelung – Hindernisse bei der Umsetzung und mögliche Modifikation der Strategie	Nach der Gruppensitzung: – Umsetzung vor Ort – Hospitationen – Gegenseitige Beobachtungen – Tandems (vgl. Konstanzer Trainingsmodell) – Protokollieren der einzelnen Schritte – Wiedereinbringen in die nächste Gruppensitzung

2.3.1 Vorbereitung

Eine gezielte Vorbereitung vor der eigentlichen Supervisionssitzung bedeutet schon ein Stück Klärung und Eigensupervision und erhöht die Effektivität der Supervisionsarbeit in der Gruppe. Diese Vorbereitungen beinhalten vor allen Dingen auch Überlegungen wie:

1) Welche Fragestellungen und welche Erwartungen an die Gruppe bestehen?
2) Wie soll das Problem vorgestellt werden?
3) Welche Informationen sind dafür wesentlich?

Zu 1): Zur Fragestellung siehe auch Einleitung S. 12.
Auf welcher Ebene wird Hilfe und Unterstützung erwartet?
(Ebene der Persönlichkeit, der Interaktion LehrerIn – SchülerIn, LehrerIn – Eltern, LehrerIn – Kollegium, auf der didaktisch-fachlichen Ebene usw.). Anhand eines Fragenkataloges (Arbeitsblatt 4) lassen sich dann eigene Sichtweisen und Gefühle sowie bisherige Handlungen strukturieren und gezielt einbringen.

Zu 2) und zu 3): Ist die Fragestellung klar, läßt sich davon auch ableiten, *welche Informationen* in *welcher Form* nun in die Gruppe eingebracht werden sollen. Möglich sind hier z.B.:

- Strukturzeichnungen, die die bisherige Sichtweise des Problems, die davon betroffenen Personen und Systeme und die Beziehungen untereinander verdeutlichen (Arbeitsblatt 10)
- Auszüge von vorhandenen Audio- oder Videoaufzeichnungen
- Beobachtungen von KollegInnen aus Hospitationen, wenn das Problem die LehrerIn-SchülerIn-Interaktion betrifft
- Schematische Auflistung eines Interaktionsgeschehens mit Hilfe des Kommunikations- und Interaktionsmodells von S. 29

Mit Hilfe einer gründlichen und intensiven Vorarbeit kann die eingebrachte Fragestellung dann gezielt angegangen, das Problem kann strukturiert und übersichtlich vorgestellt und unnötige Abschweifungen können vermieden werden.

2.3.2 Falldarstellung bzw. Problembeschreibung

Ein/e TeilnehmerIn stellt einen »Fall«, eine Konfliktsituation bzw. das Problem der Gruppe vor und schließt die Fragestellung an. Hilfreich dabei ist, die beteiligten Systeme, Personen usw. mit Hilfe einer Strukturzeichnung an der Tafel oder Wandzeitung zu visualisieren (siehe hierzu 3.2.1, S. 76, und Arbeitsblatt 10, S. 125). Das Problem sollte möglichst präzise beschrieben werden, die Informationen auf das Wesentliche beschränkt werden. Zu ausführliche Schilderungen ermüden und bringen keinen Informationsgewinn. Mögliche Fragestellungen, die dabei schon angesprochen werden können:

- Wie war der genaue Ablauf der Konfliktsituation?
- Was passierte wann?
- Was ist mein Problem dabei?
- Wen stört es sonst noch, wer ist sonst noch davon betroffen?

Mit der Art der Informationen und der Struktur der Darstellung zusammenhängend ist natürlich die Fragestellung, die die/der TeilnehmerIn an die Gruppe hat. Das Anliegen an die Gruppe kann dabei die eigene Rolle als LehrerIn, die Frage nach Verhaltensalternativen, nach erweiterter Sichtweise, nach weiteren möglichen Hypothesen usw. beinhalten.

Mögliche Supervisionsaufträge:

- Ich drehe mich im Kreise. Helft mir, das Interaktionsmuster zu erkennen!
- Ich möchte Handlungsalternativen finden, das bestehende Muster zu durchbrechen!
- Ich bin daran interessiert, welche Ideen und Hypothesen die Gruppe aufgrund dieser Informationen entwickelt.

Während dieser Problembeschreibung und Informationsvermittlung hören die anderen Gruppenmitglieder aufmerksam zu und unterbrechen nicht. Jeder läßt die Informationen auf sich wirken, achtet dabei auf Stimme, Tonfall, Haltung (nonverbale Informationen) des/der Vortragenden, auf die Reihenfolge der Informationen sowie auf die eigenen Körperreaktionen, Gefühle, Assoziationen, die während des Vortrags entstehen (Vgl. auch Arbeitsblatt 19).

2.3.3 Interview

In dieser Phase sind die Gruppenmitglieder aktiv und fragen nach, stellen aber vorwiegend Informations- und Verständnisfragen (noch keine Diskussion, keine Lösungsvorschläge und »Rezepte«). Mit Hilfe der Interviewfragen (vgl. Kap. 3.1.1–3.1.4) sowie verschiedenen Arbeitsblättern (s. Anhang) können dabei je nach Problem und Fragestellung folgende Bereiche berührt werden:

1. Kontext des Störverhaltens, des Konflikts, des Problems (wann, wo, wie, wie oft)

2. Arbeitskontext des/r LehrerIn

   a) Betrachtungen des Gesamtsystems
      - Größe des Systems
      - Unterstützungen des Kollegiums
      - Formelle und informelle Hierarchien in der Schule
      - Schulklima

   b) Individuelle Faktoren der/s LehrerIn
      - Berufszufriedenheit
      - Ausbildung, pädagogische Sicht
      - Arbeitsbedingungen, Räumlichkeiten, Mittel usw.
      - Kooperation mit dem Kollegium
      - Subgruppen, Konflikte, Rivalitäten, Kollegium

   c) Regeln des Systems
      - Offene, funktionale Regeln
      - Offene, dysfunktionale Regeln
      - Verdeckte, funktionale Regeln
      - Verdeckte, dysfunktionale Regeln

d) Formelle Bedingungen des Systems
   - Zusammenkünfte, Gremien, Konferenzen

e) Kommunikationsmuster in der Schule
   - Zwischen den LehrerInnen
   - Zwischen LehrerInnen und SchülerInnen
   - Zwischen den SchülerInnen

3. Der Konflikt bzw. das Problem als Interaktionszyklus mit Fokus auf die vier Ebenen Wahrnehmung – Bedeutungsgebung – Gefühl – Reaktion

4. Die Funktion des Problems, des Konflikts, der Störung für den/die SupervisandIn oder die anderen betroffenen Personen oder Systeme

Zur Klärung der noch anstehenden Fragen und zur weiteren Informationsgewinnung können dabei Methoden auf allen drei wichtigen Repräsentationsebenen (visuell, akustisch und kinästhetisch) zur Anwendung kommen.

- Auf der akustischen Ebene: Die bereits erwähnten Interviewfragen.
- Auf der visuellen Ebene: Erweiterung der System-Struktur-Zeichnung, die gewonnenen Informationen werden eingebaut. Skizzen, Bilder, Arbeit mit Metaphern und Symbolen u.ä.
- Auf der kinästhetischen Ebene: Skulpturarbeit, Nachstellen von Situationen, Nachspielen von Situationen im Rollenspiel, Arbeit mit Seilen und Stricken usw.

2.3.4 Gruppenfeedback

In dieser Phase äußert jedes Gruppenmitglied reihum die Wirkung, die die Problembeschreibung und die Information aus der Interviewphase ausgelöst haben, d.h., die Eindrücke und Gefühle, die Assoziationen (visuell, auditiv und kinästhetisch), die Beobachtungen, die äußeren und inneren Wahrnehmungen aus den vorhergehenden Phasen:

- Wie geht es mir jetzt?
- Was ist mir aufgefallen?
- Wie hat der Bericht auf mich gewirkt, welche Körperreaktionen habe ich empfunden?
- Welche Bilder sind in mir entstanden?
- An welcher Stelle hatte ich welche Gefühle?
- An welcher Stelle hatte ich welche Gefühle für bzw. gegen welche Beteiligten am Prozeß gespürt?
- Wie habe ich die/den SupervisandIn wahrgenommen (Stimme, Gestik, Sprechtempo, Körperhaltung usw.)?

Jede/r TeilnehmerIn sollte offen die Assoziationen, Bilder, Metaphern, Gefühle äußern. Der/die SupervisandIn hält sich dabei zurück und hört schweigend zu, läßt auf sich wirken, wie seine/ihre Falldarstellung bzw. Problemschilderung von den Gruppenmitgliedern erlebt wurde. (Nochmals: Es geht nicht um richtig oder falsch, sondern um Eindrücke und Gefühle, um Assoziationen usf.).

2.3.5 *Problemanalyse und Hypothesenbildung*

Auch in dieser Phase hält sich der/die SupervisandIn zunächst zurück und hört aufmerksam zu. Die Gruppenmitglieder äußern ihre Ideen, Phantasien, Hypothesen, ohne deren Richtigkeit beweisen zu müssen. In Form von »Brainstorming« und »wilden Phantasien« können alle noch so verrückten Gedanken geäußert werden. Alle GruppenteilnehmerInnen sollten sich mit Kritik und Bewertungen zurückhalten. Es geht nicht darum, wer die »bessere« oder »richtigere« Idee oder Hypothese hat. Alle Äußerungen sind wichtig und weisen auf die Vielfalt von Erklärungsmodellen hin, der/die SupervisandIn allein entscheidet darüber, welche der Äußerungen für ihn/sie nützlich sind und verwertet werden können. Nicht der Nachweis einer »richtigen« Hypothese ist das Ziel, sondern die Ausweitung der möglichen Sichtweisen, eine Erweiterung der möglichen Bedeutungsgebung.

Folgende Fragen können bei der Suche nach weiteren Erklärungsmodellen hilfreich sein:

- Sind alle vier Ursachenbereiche (Individuum, Schule, Familie, Gesellschaft) einbezogen worden?
- Wie werden die Einflüsse dieser vier Bereiche auf die Problementstehung oder die Problemlösung eingeschätzt? (Vgl. Arbeitsblatt 15, S. 132.)
- Welche Muster sind erkennbar?
- Welche Musterübertragungen von einem System auf andere haben stattgefunden?
- Ist die bisherige Sichtweise des/der SupervisandIn eher hilfreich oder problemverstärkend?
- Um was geht es bei dem Konflikt (Problem) vordergründig, um was auf einer anderen Ebene?

In der Gruppe werden die verschiedenen Möglichkeiten durchdiskutiert. Der/die SupervisandIn überprüft sie auf Nützlichkeit und Brauchbarkeit.

Als Methoden können alle im folgenden Kapitel beschriebenen Vorgehensweisen zur Anwendung kommen. Auswahlkriterium für die Methoden ist dabei ihre Nützlichkeit in bezug auf das Problem und die Klärung anstehender Fragen.

2.3.6 *Strategieplanung*

Jetzt erst geht es um die Erarbeitung von Handlungs- und Reaktionsalternativen für den/die LehrerIn, um Lösungsansätze und die Planung von möglichen Interventionen oder Maßnahmen.

Die Problemlösung kann dabei auf verschiedenen Ebenen ansetzen:

1) Auf der personalen Ebene:
   - Der/die LehrerIn sucht eine Veränderung in der Einstellung zum Problem oder zum Konfliktpartner (SchülerIn, Eltern, Kollegium usf.). Er/sie läßt dabei andere Sichtweisen zu, akzeptiert Änderungen auf der Ebene der Bedeutungsgebung.
   - Hier geht es auch um Selbstschutz, um Psychohygiene. Der/die SupervisandIn sucht für sich (mit Hilfe der Gruppe) nach Schutzvorkehrungen vor dem »Ausbrennen«. Hierunter fallen die Suche nach den eigenen Ressourcen und Kraftquellen, Maßnah-

men, sorgsam mit der eigenen Person umzugehen, die Suche nach Möglichkeiten, sinnvoll mit den eigenen Energien zu haushalten (Rollenhutmodell, Energiekuchen usw.; vgl. Arbeitsblätter 12 u. 13)
– Auch Veränderungen des eigenen Unterrichtsstils, die Erweiterung des fachlich-didaktischen Repertoires gehören natürlich dazu.

2) Auf der interpersonalen Ebene:
Auf dieser Ebene geht es um die Veränderung der Interaktion zwischen dem/der SupervisandIn und anderen vom Problem betroffenen Personen (SchülerInnen, KonfliktpartnerInnen).

3) Auf der systemischen Ebene werden nun andere Systeme (Schulklasse, Eltern, Kollegium, schulisches Gesamtsystem usw.) in den Veränderungsprozeß einbezogen. Bei sehr krassen Problemfällen ist es auch wichtig, sich vor Überforderung zu schützen und eventuell Außensysteme einzuschalten (Beratungs- und Therapieeinrichtungen, Jugendamt, Sonderschule usw.), wenn das Problem in der Schule selbst nicht zu lösen ist (vgl. hierzu Eskalationsebenen der Lösungsansätze, Tab. 3).

In der Gruppendiskussion wird erörtert, auf welcher Ebene und in welchem System eine Veränderung sinnvoll erscheint. In dieser Phase ist es vorteilhaft, noch einmal die Gewichtung der Einflußfaktoren auf das Problem (Arbeitsblatt 15, S. 132) heranzuziehen. Es macht sicher einen Unterschied, ob der/die SupervisandIn seinen/ihren Einfluß auf die Problemlösung mit 20% oder mit 80% einschätzt.

Tab. 3: Eskalationsebenen der Lösungsansätze

		Beteiligte		**Problemlösung**
Zunahme an Komplexität/Eskalation ↓	Personale Ebene, Einzelperson	LehrerIn oder SchülerIn (individuell, allein)		Veränderung der Einstellung zum/zur SchülerIn
	Interpersonale Ebene, Dyade	LehrerIn – SchülerIn		Veränderung der Lehrer-Schüler-Interaktion
	Systemische Ebene	LehrerIn – SchülerIn – Schulklasse		Veränderung der Lehrer-Schüler-Interaktion unter Einbezug der Schulklasse
		LehrerIn – SchülerIn – Eltern		Beratungsgespräche LehrerIn – Eltern – SchülerIn
		Schulisches Gesamtsystem		Klassenkonferenz Schulkonferenz Pädagogische Konferenz Einschaltung des/der BeratungslehrerIn
		Außensysteme	ambulant	Therapie des/der SchülerIn bzw. der Familie, des Elternpaares, bei Beratungsstelle, freien TherapeutInnen
			stationär	Jugendamt Sonderschule Wohngruppe/Heim Jugendpsychiatrie

Innerhalb des Systems Schule können folgende systemische Strategien geplant und durchdacht werden:

a) *Lösungsansätze auf der Bedeutungsebene des Lehrers*

Anregungen zur Schaffung einer »nützlicheren« Wirklichkeitskonstruktion.

- *Umdeuten:* Welche Alternativen, positive Erklärungen könnte es für das Störverhalten, die Situation, das Problem noch geben?
  Welche alternativen Reaktionen gäbe es auf der Basis dieser anderen Erklärungsansätze?
- *Positive Zuschreibung des Motivs des/der SchülerIn:* Was bewegt den/die KonfliktpartnerIn dazu, sich so zu verhalten? Welches sind Ihrer Meinung nach die Motive dazu? Welche positiven Motive könnte der/die KonfliktpartnerIn bewußt oder auch unbewußt für dieses Verhalten haben?
  Wenn dieses positive Motiv Wirklichkeit wäre, wie könnten Sie dann darauf reagieren?
- *Positive Konnotation der Funktion des Problems*: Welche Funktion sehen Sie im Augenblick in diesem Verhalten? Wie beeinflußt die Situation Ihr Verhalten, das Verhalten des/der SchülerIn, das Verhalten der Klasse? (Oder anderer Betroffener?) Welche anderen positiven ökosystemischen Funktionen könnten Sie sich noch denken? Wie würden diese positiven Funktionen Ihre Reaktionen beeinflussen? Welche Handlungsalternativen ergäben sich daraus für Sie?

b) *Lösungsansätze auf der Handlungsebene (Reaktionsebene) des Lehrers*

- *Verstärktes Augenmerk auf das unproblematische Verhalten* des/der *SchülerIn richten*: D.h., wie ein Sammler auf die Suche gehen nach günstigen Stellen, nach positiven Seiten des/der SchülerIn.
  Wo hat er/sie seine/ihre Stärken? Wo kann ich ihm/ihr ohne Konflikte begegnen? Verstärkte Rückmeldung und Kontaktaufnahme in diesen Bereichen »Umschiffen der Klippen«, dadurch kann sich die Beziehung verbessern.
- *Lokalisierung von Ausnahmen:* Wann, bei welchen Gelegenheiten ist es Ihnen bisher gelungen, das belastende Muster zu durchbrechen? Welche Unterschiede gab es dabei? Was war anders?
- *Symptomverschreibung:* Eine Strategie, die die genaue Kenntnis des Handlungsablaufes, Informationen über zugrundeliegende Motive und Strukturen erfordert.
- Strategien der *kooperativen Verhaltensmodifikation*
- Strategien der *Zustandsunterbrechung:* Scheinbar paradoxes Vorgehen, Einsatz von Humor etc.
- Strategien auf der *methodisch-didaktisch-fachlichen Ebene.*
- *Loslösung vom Problem*: Weiterverweisung an Außeninstitutionen. Dies erfordert die eigenen Grenzen zu erkennen, sich vor Überforderung zu schützen.

(Aus: Molnar/Lindquist 1991. Ausführliche Beschreibungen und Anleitungen in: Hennig/Keller 1992)

Gemeinsam mit der Gruppe werden die verschiedenen Möglichkeiten durchgegangen, Ideen gesammelt, Vorschläge gemacht. Die Gruppenteilnehmer äußern ihre Vorschläge, der/die LehrerIn, der/die das Problem vorgetragen hat, versucht diesen Vorschlägen offen zu begegnen, abzuwägen und sucht sich das Passende aus.

Mögliche Methoden, die dabei zur Anwendung kommen können:

- Gedankliches Durchspielen dieser »Als-ob-Situationen«.
- Hypothetische Zukunftsfragen wie:
  Was würdest du über dich denken, wenn du nichts machen würdest?
  Was würde der/die SchülerIn, die Eltern, der/die KollegeIn usw. tun, wenn du X machen würdest?
  Was würden die anderen über dich denken, wenn du so reagieren würdest?
  Was könnte schlimmstenfalls passieren, wenn du diese Maßnahme ergreifen würdest, usw.?

Erproben der alternativen Handlungs- und Kommunikationsmöglichkeiten in Rollen- oder Planspielen. Der/die SupervisandIn kann dabei das alternative Handlungskonzept und andere Interaktionsmethoden selbst erproben und erfahren oder stellvertretend als BeobachterIn Erfahrungen machen.

2.3.7 Rückmeldung

Der/die SupervisandIn gibt zum Abschluß der Gruppe eine kurze Rückmeldung, wie hilfreich er/sie die Supervisionsarbeit in der Gruppe erlebt hat. Er/sie wählt aus der Fülle der Vorschläge aus, was nützlich erscheint, was brauchbar ist, was umsetzbar ist. Alle Ideen, Äußerungen, Hypothesen, Handlungsalternativen usw. werden gewichtet im Hinblick auf die Nützlichkeit für den/die SupervisandIn und das vorgestellte Problem überprüft. Er/sie legt fest, welche weiteren Schritte eingeleitet werden. Unter Umständen kann der/die SupervisandIn einzelne Gruppenmitglieder bitten, ihr/ihm bei der Umsetzung der Vorschläge behilflich zu sein (siehe nächste Phase).

2.3.8 Umsetzung und Kontrolle

In der Gruppensitzung sollte auch erarbeitet werden, welche Unterstützung die Gruppe oder einzelne Gruppenmitglieder dem/der LehrerIn geben können, die geplanten Lösungsansätze umzusetzen. Es geht also auch um Begleitung des Lehrers, der Lehrerin im Schulalltag, um Überlegungen, wie die Strategie, der Lösungsansatz modifiziert werden kann.

Dies kann in der Gruppensitzung geschehen durch:

- die hypothetische Vorwegnahme von Hindernissen:
  Welches Ereignis, welche Person könnte dazu führen, daß die geplante Maßnahme nicht umgesetzt wird?
  Was könnte der/die LehrerIn selbst tun, um alles beim alten zu lassen (oder gar zu verschlimmern)?
  Wie müßte die Maßnahme verändert werden, wenn Ereignis X eintritt?
- die Vereinbarung von gegenseitigen Unterrichtsbesuchen, Hospitationen usw., Bildung von Tandems (vgl. Konstanzer Trainingsmodell)
- die Festlegung eines »Rechenschaftsberichts«, des Wiedereinbringens in der nächsten Sitzung
- das genaue Festlegen, was wer wann mit wem macht (Festnageln der Lehrerin, des Lehrers auf konkrete Aussagen und Schritte).

2.4 *Variationsmöglichkeiten: Das reflektierende Team*

Eine alternative Vorgehensweise im Ablauf einer Fallbesprechungsgruppe bildet die Integration der Methode des reflektierenden Teams in den Ablauf des oben vorgestellten Modells. Diese Methode geht davon aus, daß alle am Supervisionsprozeß Beteiligten, d.h. SupervisandIn, SupervisorIn und Gruppe, gleichermaßen Fachleute und ExpertInnen sind. Sie verdeutlicht die Bedeutung sowohl des Gesprächs über das Problem als auch des Gesprächs über das Gespräch (der Metakommunikation).

Ein festgefahrenes System (und um ein solches handelt es sich, wenn man selbst nicht weiter weiß, wenn man »steckenbleibt«) kann durch folgende Vorgehensweise wieder »in Fluß« gebracht werden:

»1. Ein Interviewer führt ein Gespräch mit einem festgefahrenen System (Familie, Familie und helfendes System o.ä.). Das Interview-System wird als autonomes System verstanden, in das nicht eingegriffen wird.
Leitfragen sind die danach, wer die Idee hatte, den Kontakt herzustellen, Fragen an alle Beteiligten nach Beschreibungen, Erklärungen, hypothetischen Entwicklungen in der Zukunft. Die Mitglieder des festgefahrenen Systems haben so die Möglichkeit, alle unterschiedlichen Versionen der Problemwahrnehmung abzutasten.
2. Das Reflektierende Team hört während dieser Phase nur zu; jeder einzelne produziert für sich Einfälle und Ideen, mit der Leitfrage im Kopf, wie das Problem alternativ beschrieben und erklärt werden kann und welche Konsequenzen das hätte. In dem Moment, in dem das Interview-System ein Signal gibt, präsentiert das Reflektierende Team (RT) seine Einfälle (Wie sind seine Versionen des dargestellten Problems?). Im Prozeß des Reflektierens entwickeln sich weitere möglicherweise hilfreiche Einfälle, die für das festgefahrene System relevant sein könnten.
3. Auf der dritten Ebene wird dieser Multilog des RT vom Interview-System aufgegriffen. ›Auf gewisse Art führen sie eine Konversation über die Konversation des Reflektierenden Teams über die Konversation des Interview-Systems.‹ (Andersen, S. 56)«
(Zitat aus: Connemann/Kubesch 1991, S. 129)

Wir möchten im folgenden zwei mögliche Integrationsformen des reflektierenden Teams in selbstorganisierten Fallbesprechungsgruppen von LehrerInnen vorstellen:

1) Eine einfache Möglichkeit, die wir selbst in unserer Arbeit mit Lehrergruppen ausprobiert haben und
2) die von Connemann und Kubesch (1991) vorgestellte Methode.

Zu 1):
Wie die Übersicht über den Ablauf in Abbildung 12 zeigt, beinhaltet dieses Modell alle Phasen des vorher geschilderten Modells. Wesentlicher Unterschied ist, daß durch die Aufteilung in zwei Subsysteme (interviewendes System und reflektierendes Team) eine distanzierte Betrachtungsweise und die Metakommunikation erleichtert wird. Phase 1, entsprechend a), und Phase 2 entsprechend c), sind identisch. Die Interviewphase d) wird durch das interviewende Team (maximal zwei bis drei Personen) bestritten. Die Mitglieder des reflektierenden Teams sitzen in räumlichem Abstand zum interviewenden Team und hören nur zu. Sie beobachten die verbale wie die nonverbale Interaktion zwischen interviewendem Team und Supervisan-

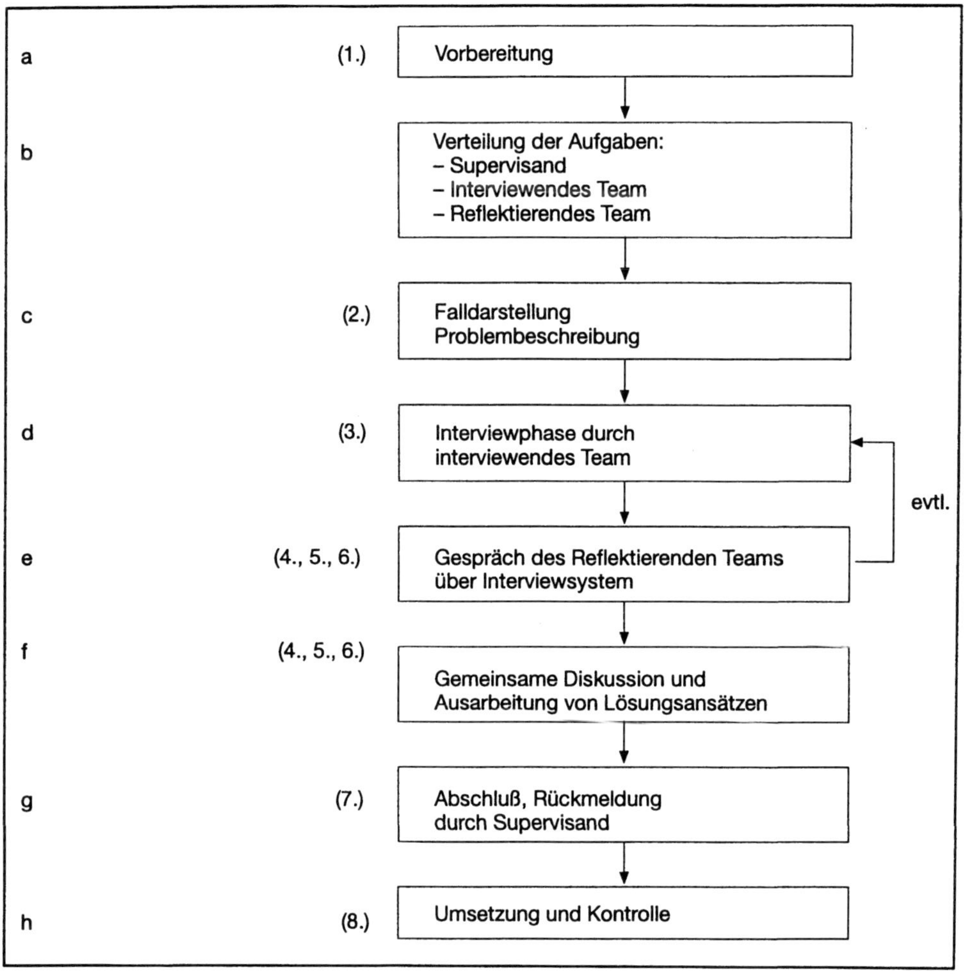

Abb. 12: Schematische Übersicht über den Ablauf einer Fallbesprechung mit reflektierendem Team (die Zahlen in den Klammern beziehen sich auf die Phasen des auf den vorhergehenden Seiten vorgestellten Modells)

dIn. Sie achten auf eigene Körperreaktionen, Gefühle, Assoziationen usw., um sie in der nächsten Phase reflektieren zu können.

Im anschließenden Gespräch des reflektierenden Teams e) tauschen sich die Mitglieder über das Gehörte und Beobachtete aus. Das interviewende Team sowie der/die SupervisandIn hören dem schweigend zu. In dem Gespräch des reflektierenden Teams werden die Themen der Phasen 4, 5 und 6 des weiter oben beschriebenen Modells in möglichst dieser Reihenfolge behandelt. Das reflektierende Team soll dabei keine negative Kritik üben. Der Fokus der Wahrnehmung soll sich auf die Lösungsalternativen richten. Auch hier ist darauf zu achten, daß jedes Konkurrenzverhalten untereinander unterbleibt und die Vielfalt der unterschiedlichen Versionen und Erklärungen, Hypothesen und Lösungsansätze gewürdigt wird.

Im Anschluß daran steht eine gemeinsame Diskussion aller TeilnehmerInnen (f). Die verschiedenen Rückmeldungen über das interviewende System, die geäußerten Erklärungsmo-

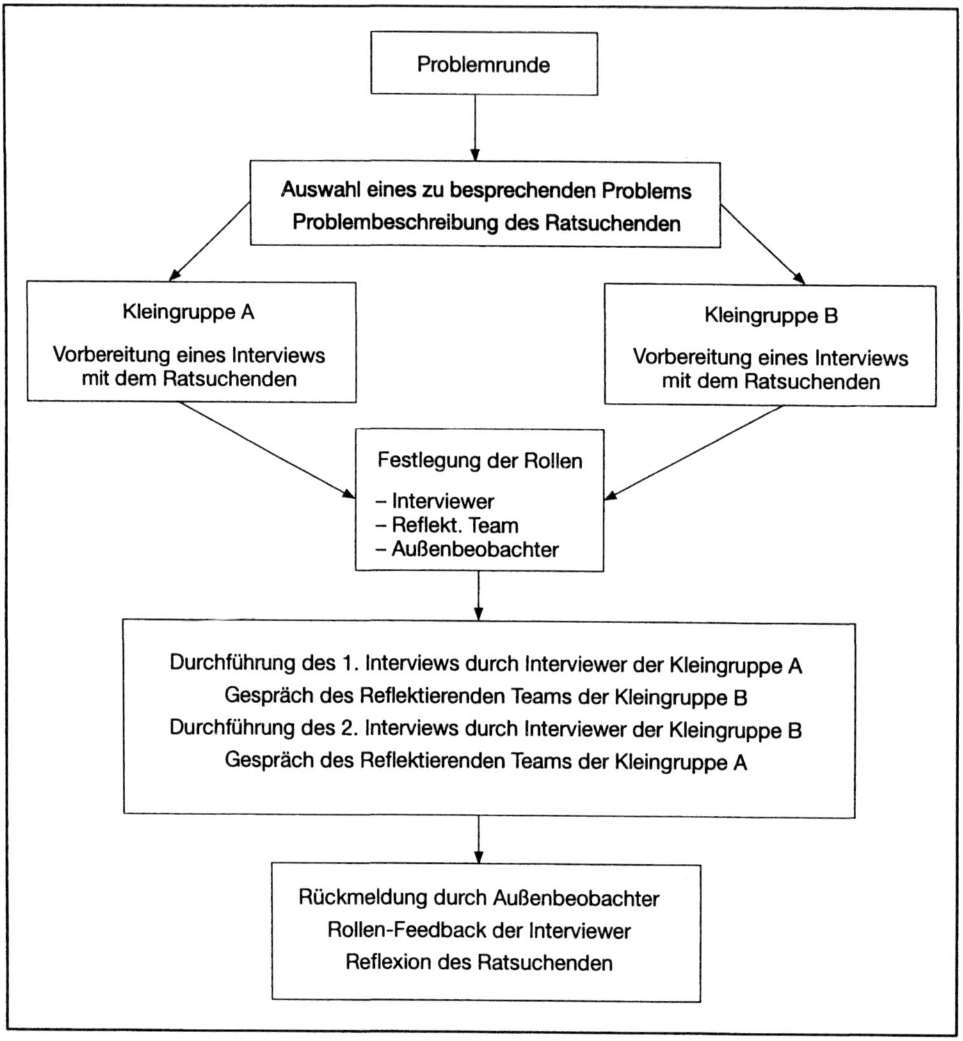

Abb. 13: Übersicht über den Verlauf (aus: Connemann/Kubesch: Das Reflektierende Team als Fallbesprechungsmodell in Lehrergruppen. Zeitschrift für systematische Therapie 9 [2], 1991, S. 128ff.)

delle und Hypothesen, die vorgeschlagenen Handlungsalternativen und Lösungsansätze werden durchgearbeitet und gewichtet, das weitere Vorgehen erörtert, geplant und eventuell erprobt (entsprechend den Phasen 4, 5 und 6 des Modells S. 45).

Die nächsten beiden Phasen (g entsprechend 7, und h entsprechend 8), sind wieder identisch mit dem weiter oben besprochenen Modell.

Zu 2):
Das Modell, das Connemann und Kubesch (1991) vorstellen, ist komplexer und aufwendiger in der Durchführung. Es birgt aber die Chance größerer Vielfalt und Variationsmöglichkeit. Die einzelnen Schritte sind aus der obigen Abbildung 13 ersichtlich.

In der Problemrunde wird zunächst »gesammelt«, d.h., diejenigen Gruppenmitglieder, die ein Problem bearbeiten möchten, skizzieren ihr Anliegen kurz und stichwortartig.
Anschließend wird gemeinsam ein Problem zur Bearbeitung ausgewählt:
Der/die SupervisandIn stellt sein/ihr Problem vor und formuliert eine möglichst präzise Fragestellung an die Gruppe.
Die Großgruppe trennt sich dann in zwei Kleingruppen, die unabhängig voneinander ein Interview mit dem/der SupervisandIn vorbereiten.
Im Anschluß daran teilt jede Kleingruppe folgende »Rollen« unter sich auf:

- InterviewerIn
- Reflektierendes Team
- AußenbeobachterInnen

In der Großgruppe findet dann das erste Interview durch den/die InterviewerIn der Gruppe A statt, dem eine Diskussion des reflektierenden Teams der Gruppe B über dieses Interview folgt. Alle anderen hören zu.
Anschließend führt der/die InterviewerIn der Gruppe B ein Gespräch mit der/dem SupervisandIn. Dieses Gespräch beginnt mit der Frage, wie das bisher Gehörte gewirkt hat, was es ausgelöst hat. Zu den vorbereiteten Fragen können dann auch Ideen und Inhalte aus dem bisherigen Ablauf eingebaut werden. Das reflektierende Team der Gruppe A schließt sich mit einer Diskussion zum zweiten Gespräch an.
Nach Rückmeldung durch die AußenbeobachterInnen und einem Rollenfeedback beendet der/die SupervisandIn mit abschließenden Bemerkungen und Überlegungen die Problembearbeitung.

3. Ausgewählte Methoden der kollegialen Lehrersupervision

Da es eine unübersichtliche Vielzahl möglicher Methoden gibt, die im Rahmen einer Supervision zum Einsatz kommen können, haben wir uns im folgenden auf eine repräsentative Auswahl derjenigen Supervisionsmethoden beschränkt, mit denen wir Erfahrungen gesammelt haben, und die sich unseres Erachtens in der Lehrersupervision bewährt haben.

Sofern möglich, haben wir die in diesem und im folgenden Kapitel beschriebenen Supervisionsmethoden zur leichteren Handhabung in Form von übersichtlichen Arbeitsblättern im Anhang (S. 111 ff.) beigefügt.

Um unseren LeserInnen einen Überblick und eine logische Begründung für die Auswahl der beschriebenen Supervisionsmethoden zu geben, haben wir diese in der Übersichtstabelle (Tab. 4) wie folgt geordnet:

Auf der vertikalen Achse haben wir in Anlehnung an die in der Einleitung veröffentlichte Tabelle 1 (Anlässe und Themen für die Supervision) die am Supervisionsproblem *beteiligten Personen* aufgeführt, also vom einzelnen Lehrer, der einzelnen Lehrerin bis hin zum Lehrerkollegium.

Auf der horizontalen Achse haben wir die in der jeweiligen Methode *bevorzugten Sinneskanäle* (also verbal-akustisch, visuell, kinästhetisch) aufgelistet.

Begründung:
Supervision kann als eine Sonderform des Lernens bezeichnet werden. Alle diesbezüglichen Ergebnisse der Lernpsychologie zeigen jedoch, daß unser Lernerfolg dann am größten ist, wenn wir mit *allen* unseren Sinneskanälen (Riechen und Schmecken seien hier ausgenommen) den Lernstoff aufnehmen bzw. ihn dargeboten bekommen, d.h. auf der visuellen, akustischen *und* kinästhetischen Ebene! In diesem Zusammenhang wird auch die Tatsache relevant, daß es verschiedene *Lerntypen* gibt: d.h. Menschen, die hauptsächlich über das Hören (bzw. Sprechen), solche, die über das Sehen, und wiederum andere, die verstärkt über ihre Körperwahrnehmungen (Kinästhetik) lernen. Ebenso existieren sogenannte »Mischtypen«, d.h. Lernende, die keinen eindeutig bevorzugten Lernkanal haben, sondern beispielsweise zu gleichen Anteilen über den visuellen und akustischen Wahrnehmungszugang Lernstoff aufnehmen. Unserer Erfahrung nach handelt es sich dabei um ein Universalgesetz menschlichen Lernens, das in allen Lernkontexten eine zentrale Rolle spielt (aber leider oft nicht genügend berücksichtigt wird), wie z.B. im Unterricht, in der Erwachsenenbildung, in Beratung und Therapie und natürlich *auch in der Supervision.*

Um also in der Supervision allen Lerntypen gerecht zu werden und nicht einige zu bevorzugen und andere zu benachteiligen, ist eine »gute Mischung« visueller, akustisch-verbaler und kinästhetischer Supervisionsmethoden sinnvoll. Konkret heißt das: In einer Supervisionsgruppe, in der nur geredet, geredet und nochmals geredet wird, kommen alle diejenigen

TeilnehmerInnen zu kurz, die eher über den visuellen und kinästhetischen Sinneskanal lernen. Aber auch für die anderen TeilnehmerInnen erhöht sich der Lernerfolg, wenn Probleme, schwierige Situationen und Prozesse parallel (oder nacheinander) sowohl auf der visuellen als auch auf der akustischen und kinästhetischen Ebene dargestellt, d.h. gesprochen, gehört und körperlich erfahren werden.

Tab. 4: Übersichtstabelle einiger ausgewählter Supervisionsmethoden

Beteiligte Personen	**Bevorzugte Sinneskanäle**		
	akustisch-verbal	visuell	kinästhetisch
LehrerIn – Kollegium LehrerIn – Schulleitung	– Planspiel/Rollenspiel – Interviewfragen zu den vier Ebenen – Fragebogen zur Einschätzung des Lehrerkollegiums	– System-Struktur-Zeichnung – Münzsoziogramm	– Skulpturarbeit – Rollenspiel
LehrerIn – Schulklasse	– Planspiel/Rollenspiel – Unterrichtsbeobachtung – Interviewfragen zu den vier Ebenen	– Soziogramm – Münzsoziogramm – Visuelle Metaphern	– Skulpturarbeit – Rollenspiel
LehrerIn – SchülerIn LehrerIn – LehrerIn LehrerIn-Eltern-Interaktion	– Rollenspiel – Interviewfragen zu den vier Ebenen – Gruppendiskussion – Schriftliche Fallvorbereitung	– Familien-Struktur-Zeichnung – System-Struktur-Zeichnung Schüler – Eltern – Lehrer	– Skulpturarbeit – Leerer Stuhl – Lehrer-Eltern-Grenzen mit Seilen – Ja-Nein-Sageübung – Rollenspiel
Einzelner Lehrer Lehrerpersönlichkeit	– Phantasiereisen – Interviewfragen zu den vier Ebenen – Gruppendiskussion – Wahrnehmungsübungen – Arbeit an einengenden inneren Regeln/Einstellungen – Fragebogen zur Selbsteinschätzung der Lehrerpersönlichkeit	– Phantasiereisen – Rollenhutmodell – Energiekuchen – Wahrnehmungsübungen – Malen – Imaginationstechniken	– Entspannungstechniken – Phantasiereisen – Wahrnehmungsübungen – Nützliche Geschenke
Erläuterungen:	Wie aus der Tabelle ersichtlich wird, gibt es Supervisionsmethoden, die mehr oder weniger eindeutig einem Sinneskanal zugeordnet werden können, und solche (wie z.B. Phantasiereisen), die alle drei Sinneskanäle ansprechen. Ebenso gibt es Methoden, die eher einem bestimmten Personensetting (z.B. LehrerIn-SchülerIn-Interaktion) angehören, und solche, die auf mehrere Kontexte anwendbar sind (wie z.B. die Fragen zu den vier Ebenen). Es handelt sich also in der Tabelle keineswegs um sich gegenseitig ausschließende Kategorien.		

Die mit Hilfe der nachfolgend erläuterten Supervisionsmethoden angestrebten *Supervisionsziele* lassen sich am besten anhand des in Kapitel 1.3 vorgestellten Vier-Ebenen-Modells der menschlichen Kommunikation und Interaktion aufzeigen:

① *Wahrnehmung:*
Schärfen der Wahrnehmung in bezug auf sogenannte »blinde Flecke«, Fremdwahrnehmung und Eigenwahrnehmung, Erhöhung der Sensibilität.

② Bedeutung:
Herausarbeiten nützlicherer aktueller und überdauernder Bedeutungsgebungen, Umdeutungen, positive Bedeutungen auf der Ebene der überdauernden inneren Glaubenshaltungen/Einstellungen.

③ *Gefühle:*
Verringerung (nicht Verhinderung) negativer Gefühlszustände, Bearbeitung negativer Gefühlszustände.

④ *Handeln/Verhalten:*
Erweiterung des Verhaltensrepertoires, Erproben neuer, alternativer angemessener Handlungsstrategien, Verbesserung der Interaktion und Kommunikation.

3.1 Supervisionsmethoden auf der akustisch-verbalen Ebene

3.1.1 Die Kunst des hilfreichen Fragens

Wie wir in Kapitel 1.3 anhand des Vier-Ebenen-Modells der Kommunikation und Interaktion aufgezeigt haben, ist es für den Supervisanden in der Regel wenig hilfreich, wenn die unterstützenden Supervisionsgruppenmitglieder vorschnell Ratschläge und Lösungsvorschläge (Ebene 4) bringen. Diese können zwar für die Ratgebenden selbst und ihren Situationskontext »passend« sein, nicht jedoch notwendigerweise für den/die SupervisandIn.

Statt dessen erweist es sich als wesentlich hilfreicher, mit Hilfe der unten vorgestellten Fragen zu allen vier Ebenen seine/ihre innere Wirklichkeitskonstruktion des Problems, seinen/ihren inneren Bezugsrahmen (seine/ihre »innere Landkarte« des Territoriums) zu erfassen.

Wir stimmen mit Tom Anderson (1990) überein, für den Beratung bedeutet, dem/der anderen (DialogpartnerIn, SupervisandIn, Ratsuchenden) *die Fragen zu stellen, die er/sie sich noch nicht gestellt hat:*

> »Die konstruktivistische Vorstellung, daß jeder Mensch seine Vision einer Situation erzeugt, ist sehr hilfreich, wenn wir auf ein festgefahrenes System treffen.
> Alle Versionen sind weder richtig noch falsch. Unsere Aufgabe besteht darin, uns so weit wie möglich auf einen Dialog einzulassen, um zu verstehen, wie die verschiedenen Personen dazu gekommen sind, die Beschreibungen und die daran anschließenden Erklärungen zu erschaffen. Danach laden wir sie zu einem Dialog ein, um zu erörtern, ob es andere, noch nicht betrachtete Beschreibungen und sogar andere Erklärungen geben könnte, an die noch nicht gedacht wurde. Auf eine Art ermuntern wir sie, mit uns in einen fließenden Austausch über die Vorstellungen einzutreten, daß es in den Lebensprozessen, an denen wir teilhaben, immer etwas gibt, das noch nicht gesehen, noch nicht bedacht wurde.
> Anders ausgedrückt, man kann immer viele andere Unterscheidungen zu den schon gemachten treffen. Unser hilfreichstes Werkzeug, neue Unterscheidungen zu treffen, sind die Fragen, die noch nicht gestellt wurden.

Die angemessen ungewöhnlichen Fragen sind unsere besten Beiträge zu den festgefahrenen Systemen.
Menschen, die sich als in etwas festgefahren erleben, was sie selbst als problematische Situation definieren, waren es gewohnt, sich immer wieder dieselben Fragen zu stellen.« (Anderson a.a.O., S. 54)

Was Anderson mit »angemessen ungewöhnlich« bezeichnet, verstehen wir als Fragen, die für den/die SupervisandIn einen »mittleren« Neuigkeitsgehalt besitzen. Der Informationsgewinn ist nämlich dann am größten, wenn es sich um eine »gute Mischung« aus Bekanntem und Neuem handelt.

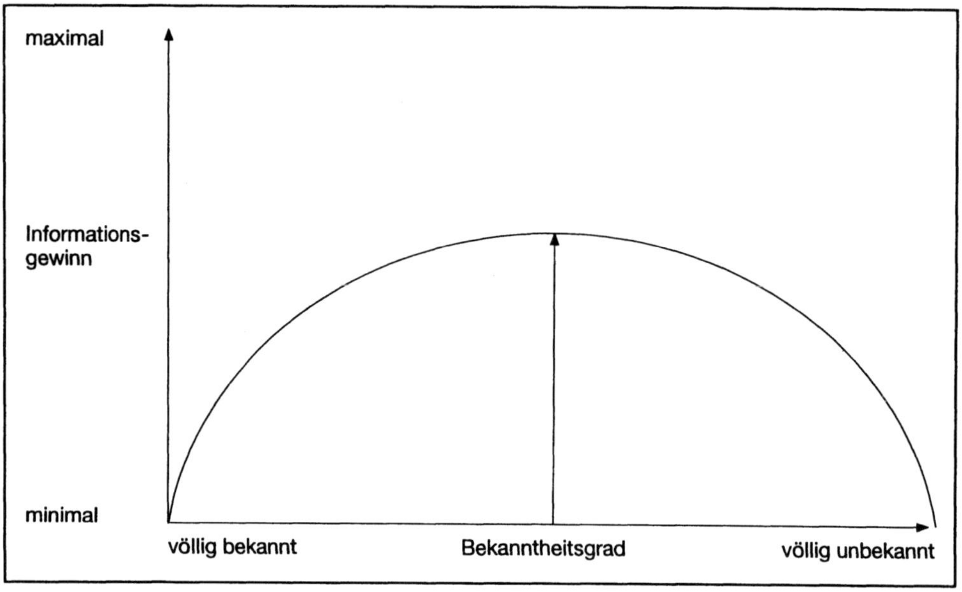

Abb. 14 Maximaler Informationsgewinn

Wenn wir zum Beispiel die schon gestern gelesene Tageszeitung vom Vortag noch einmal lesen (total bekannt), ist der Informationsgewinn genauso verschwindend gering, wie wenn wir die Tageszeitung vom heutigen Tag (als des Chinesischen Unkundige) auf Chinesisch lesen würden (total unbekannt).

Die Beantwortung dieser »angemessen ungewöhnlichen« Fragen durch den/die SupervisandIn im inneren – für sich allein – und äußern Dialog – mit den Mitgliedern der Supervisionsgruppe – kann zu neuen (anderen) Bedeutungsgebungen (Einstellungen) und Handlungsmöglichkeiten führen.

Anders ausgedrückt: Durch die Beantwortung dieser Fragen gewinnt der/die SupervisandIn neue Informationen über sich und sein/ihr Problem – *kompetente Fragen sind die eleganteste Art der Informationsschöpfung!*

Wenn dann diese neuen (anderen) Bedeutungsgebungen (Einstellungen) und Handlungsmöglichkeiten den/die SupervisandIn aus der festgefahrenen Situation herausführen, war die Supervision eine erfolgreiche Hilfe zur Selbsthilfe.

Im folgenden stellen wir einige nützliche Fragen vor, die den Fokus auf die vier Ebenen des Erlebens und Verhaltens (vgl. Kapitel 1.3) des Supervisanden richten:

1. *Wahrnehmung* (Sehen, Hören, Spüren und Fühlen, Riechen und Schmecken)

   Interviewfragen

   - »Was genau ist das Problem bzw. die Frage an die Supervisionsgruppe?«
     Beispiel: Die Supervisandin berichtet, daß sie Schwierigkeiten habe, mit einer Kollegin zu kooperieren.
     Frage: »Was läuft genau wie ab, wenn du versuchst, mit deiner Kollegin zu kooperieren?«
   - »Was siehst du, hörst du, spürst du/fühlst du, jeweils bezogen auf die Situation bzw. den Schüler, die Eltern, die Kollegen?«
     Beispiel: Ein Supervisand berichtet, daß ihm die Art und Weise, wie ihn sein Schulleiter behandle, unangenehm sei.
     Frage: »Was genau muß dein Schulleiter tun, damit du dich unwohl fühlst?«
   - »Welche verbalen Äußerungen dir gegenüber, welche nonverbalen Äußerungen und Handlungen dir gegenüber muß der Schulleiter zeigen, damit es dir unangenehm wird?«
   - »Welche inneren Bilder, Gedanken und Körperempfindungen lösen die beschriebenen Verhaltensweisen bzw. Sätze des Schulleiters bei dir aus?«
   - »Wo genau in deinem Körper spürst du diese oder jene Empfindung?«
   - »Welche der vier Aspekte einer bestimmten Mitteilung deines Schulleiters nimmst du wahr? Was genau hat er gesagt (Inhalt)? Was, denkst du, will er eigentlich von dir (Appell)? Welche Stimmung, welchen Gefühlsausdruck (Selbstoffenbarung) hast du bei ihm wahrgenommen? Welches Verhältnis, welche Beziehung zu dir kannst du aus seinen Äußerungen herauslesen (Beziehungsaspekt)?«

2. *Bedeutungsgebung* (Aktuelle und überdauernde Wirklichkeitskonstruktion, einengende Glaubenshaltungen u.ä. – Weshalb und Wozu?)

   Interviewfragen

   Fragen zur Problemerklärung (Kausalität):
   Beispiel: »Weshalb, denkst du, hat die Schülerin XY angefangen, sich seit einem halben Jahr sozial von allen Gleichaltrigen zurückzuziehen?«
   Andere diesbezügliche Fragen:
   - »Wie denkst du darüber?«
   - »Wie interpretierst du das?«
   - »Welche Hypothesen dazu hast du?«

   Fragen zur Funktion des Problems/Symptoms im Kontext (Funktionalität) und Fragen nach dem Sinn des Symptoms/Problems:
   Beispiel:
   - »Was denkst du, wozu ist der Schüler X immer stärker in die Rolle des Klassenkaspers geraten?«
   - »Was, denkst du, will er damit erreichen?«

Fragen zur Bedeutungsgebung, bezogen auf die eigene Person bzw. Rolle:

- »Und wenn du dich hilflos fühlst, überfordert fühlst, hintergangen fühlst, was denkst du dann über *Dich*?«
  Beispiel: »Wenn du immer wieder erlebst, daß deine KollegInnen deinen Arbeitseinsatz für sich ausnutzen, was denkst du dann über dich selbst?«
  Antwort: »Ich denke, daß es mir im allgemeinen schwerfällt, nein zu sagen, eine Forderung zurückzuweisen und mich abzugrenzen. Vielleicht muß ich lernen, besser für mich zu sorgen ...«

3. *Gefühlsebene* (Fragen zu den im Zusammenhang mit dem Problem/der Situation auftretenden Gefühlen)

Interviewfragen

- »Wie geht es dir in dieser Situation, was fühlst du?«
- »Welche Gefühle lösen deine Hypothesen bei dir aus?«
  Beispiel: »Wenn du glaubst, daß die Schülerin X vom Freund der Mutter sexuell mißbraucht wird, was passiert dann gefühlsmäßig bei dir?«
- »Welche Gefühle lösen die Handlungen, das Weltbild, die geäußerten Gefühle des Schülers, der Eltern, der KollegInnen bei dir aus?«
  Beispiel: »Was geht in dir gefühlsmäßig vor, wenn der Schulleiter die Gesamtlehrerkonferenz so chaotisch leitet?«
- »Was läuft bei dir gefühlsmäßig ab, wenn die Mutter X der Schülerin Y im Verlauf des Gesprächs anfängt heftig zu weinen?«
- »Welche Gefühle löst die ›Null-Bock‹-Einstellung des Schülers Y bei dir aus?«

4. *Handlungsebene* (individuell und interaktiv, Fragen nach dem individuellen bzw. interaktiven – auf andere gerichteten – Verhalten)

Interviewfragen

- »Wie verhältst du dich allein, wie verhältst du dich gegenüber dem Schüler, seinen Eltern, deinen KollegInnen gegenüber?«
  Beispiel:
  »Wenn du auf die Kollegin wütend bist, was tust du dann bei dir zu Hause, ihr gegenüber?« usw.
  »Wenn du vom Mißbrauchsverdacht völlig gelähmt bist, wie verhältst du dich dann der Schülerin X gegenüber?«

Fragen nach den bisherigen Problemlösungsversuchen:

Beispiel: »Was hast du schon alles ausprobiert, mit der Schülerin X in ein Gespräch zu kommen? Wie war der Effekt, was hat geklappt? Was hat nicht funktioniert?« »Was könntest du noch alles ausprobieren, was könnte dabei bestenfalls/schlimmstenfalls passieren?«
Beispiel: »Wenn du mit der Mutter der Schülerin X ein Gespräch unter vier Augen führst, was erwartest du dir davon? Was könnte – nur deiner Phantasie nach – schlimmstenfalls passieren?«

Weitere nützliche Fragen:

a) Die Wunderfrage
»Stell dir vor, heute nacht geschieht ein Wunder, und dein Problem wäre gelöst, woran würdest du das morgen bemerken?«

b) Skalierungsfragen
»Wieviel Prozent deiner Gesamtenergie benötigst du für dieses Problem?«

c) Fragen nach Ausnahmen
»Wann tritt das Problem weniger oder gar nicht auf?«

d) Als-ob-Fragen, *hypothetische Fragen*
»Stell dir vor, das Problem wäre gelöst, was hättest du, was XYZ (SchülerIn, Eltern, KollegeIn) dazu beigetragen?«

e) Zukunftsfragen
»Was könnte passieren, wenn in zwei, drei, vier Wochen/Monaten das Problem immer noch besteht?«
Oder:
»Stell dir vor, du gehst in deiner Phantasie in die Zukunft (ein, zwei, drei Jahre weiter), wie wird dann dein berufliches/privates Leben aussehen?« (Konkretisieren lassen!)

f) Ressourcenorientierte Fragen
»Stell dir vor, du gibst für deine Freunde/KollegInnen ein Fest zur Feier der erfolgreichen Problemlösung, und sie fragen dich, welche Fähigkciten und persönlichen Stärken du für die Problemlösung mobilisiert hast, was wirst du Ihnen antworten?«

g) Fragen nach den positiven Seiten des Problems
»Gibt es an der schwierigen Situation, am Problem für dich/für andere positive Seiten?«
Oder:
»Was ist das Gute am Schlechten?«

3.1.2 Supervisionsarbeit am Selbstkonzept, an den überdauernden (inneren) Bedeutungsgebungen, Einstellungen (vgl. Arbeitsblatt 2)

Im Laufe der im vorangegangenen Abschnitt vorgestellten Interviewfragen hat sich herausgestellt, daß der Supervisand einengende, negative innere Bedeutungsgebungen hat. Beispiel: Unsere im Kapitel 1.3 vorgestellte Lehrerin Sybille M. kommt deshalb zur aktuellen Bedeutungsgebung »Tatjana hat Angst vor mir«, weil ihre überdauernde Bedeutungsgebung lautet »Ich darf nie laut werden« oder »Ich darf meinen Ärger nie zeigen«.

Solche inneren Sätze mit »Gesetzeskraft«, deren wichtigstes Kennzeichen Zwänge, Verbote und Verallgemeinerungen sind, beginnen in der Regel mit »Ich muß immer (z.B. immer stark sein)« oder »Ich darf nie (z.B. nie meine Gefühle zeigen)«.

Diese überdauernden Haltungen uns selbst gegenüber haben wir in der Regel in unserer Herkunftsfamilie im Laufe unseres Sozialisations- und Erziehungsprozesses gelernt. Sie stellen sich allerdings in unserem späteren Leben oft als Einengungen unserer Wahlmöglichkeiten dar.

Die Infragestellung dieser inneren Glaubenssätze (Glaube nicht im religiösen Sinne, sondern im Sinne von Einstellung) sieht wie folgt aus:

1. Schritt: *Identifizierung* von inneren Glaubenssätzen im Zusammenhang mit einer vom Supervisanden eingebrachen Problemsituation: Welche Einstellung kann der/die SupervisandIn in Sätze kleiden, die mit: »Ich muß immer ...« oder »Ich darf nie ...« oder »Ich kann immer ...« beginnen.

2. Schritt: *Infragestellung* dieser Sätze durch die Frage
»Kannst du das wirklich?«
Zum Beispiel wird Frau Sybille M. von einer Supervisionskollegin gefragt: »Kannst du es, schaffst du es, *wirklich nie* deinen Ärger zu zeigen?« Oder: »... einem Schüler gegenüber laut zu werden?«
Der/die SupvervisandIn wird dann in der Regel nach einem inneren Prüf- und Suchprozeß feststellen, daß es tatsächlich Ausnahmen von dieser (unmenschlichen) Regel gibt. So mußte Frau Sybille M. zugeben, daß sie tatsächlich – wenn auch sehr selten – ihren Ärger zeigt oder laut wird.

3. Schritt: *Phantasierte Konsequenzen*, die mit dem Außerkraftsetzen der Regel verbunden werden: Ein Mitglied der Supervisionsgruppe kann den/die SupervisandIn fragen: »Was könnte, nur deiner Phantasie nach, schlimmstenfalls passieren, wenn du ... (laut wirst, deinen Ärger zeigst, nicht immer perfekt bist usw.)?«
Oft kommen dann Antworten wie z.B. »... dann werde ich nicht mehr geliebt« (wenn ich nicht immer perfekt bin). Oder im Falle der Kollegin Sybille M.: »Dann bin ich keine gute Lehrerin« (wenn ich meinen Ärger zeige) usw.

4. Schritt: *Infragestellen der phantasierten Konsequenzen:* Durch genaues Nachfragen von Gruppenmitgliedern wie z.B.: »Hast du tatsächlich schon konkret beobachtet, daß dich diese oder jene Mitmenschen, KollegInnen usw. weniger achten, für eine schlechte Lehrerin halten usw.?«
Fast immer wird sich dann herausstellen, daß es sich tatsächlich mehr oder weniger um unbewußte Phantasien handelt, die einer Realitätsüberprüfung nicht standhalten können, die aber gleichwohl unser Handeln beeinflussen können. *Merke:* Der schlimmste Diktator sitzt in uns selbst!
Die Familientherapeutin Virginia Satir hat einmal sinngemäß gesagt: In rigiden Familien sind die Menschen zur Erfüllung der starren Familienregeln da. In nichtrigiden Familien sind die Familienregeln für die Menschen da.
Die hier vorgestellte Methode hat also das Ziel, »unmenschliche« innere Wirklichkeitskonstruktionen in »menschlichere«, d.h. mehr Wahlmöglichkeiten eröffnende umzuwandeln.

5. Schritt: *Umwandlung der inneren Sätze:* Als letzter Schritt wird zum einen der Satzanfang der inneren Regel »Ich muß immer ...« umgewandelt in: »Ich *kann* ...« und zum anderen die auf den Supervisanden passende Bedingung festgelegt, durch die Ergänzung des Wörtchens *»wenn* ...«.
Also z.B.: »Ich *muß* immer stark sein ...« wird vom/von der SupervisandIn umgewandelt in: »Ich *kann* stark sein ..., *wenn* ich gut für mein privates Wohlergehen sorge.« Oder: »Wenn ich Unterstützung im Kollegium erhalte« usw.
Gleichsam als Gedankenexperiment paßt es an dieser Stelle auch gut, versuchs-

weise einen inneren Satz zu formulieren, der das Gegenteil erlaubt sowie die Bedingung festlegt, wie z.B.: »Ich *darf* schwach sein ..., *wenn* ich ... müde und erschöpft bin ..., eine harte Woche hinter mir habe usw.«

Ebenso kann Frau Sybille M. den inneren Satz »Ich darf nie meinen Ärger zeigen« umwandeln in den Satz: »Ich darf, kann meinen Ärger zeigen, weil ... ich sonst meinem Gegenüber unecht und fassadenhaft werde, ich sonst den Ärger in mich hineinfresse und krank werde ..., wenn ich der Schülerin Tatjana gegenüber in vielen anderen Situationen zeige, daß ich sie mag usw.«

Vereinfacht ausgedrückt, hat die Supervisionsarbeit an unseren einengenden, überdauernden inneren Bedeutungsgebungen (inneren Regeln, Glaubenshaltungen, Wirklichkeitskonstruktionen) das Ziel, unser Alltagsleben (nicht nur das berufliche) etwas leichter, etwas weniger streßvoll zu gestalten.

3.1.3 Fragen zur Wahrnehmungsschärfung (vgl. Arbeitsblatt 3)

Wie beim Kapitel 1.3 anhand unseres Vier-Ebenen-Kommunikationsmodells ausgeführt, unterliegt jeder Mensch bereits auf der Ebene ① in seiner Wahrnehmung gewissen Einschränkungen und Verzerrungen.

Supervisionsfragen, die diese Prozesse näher beleuchten und so zur Sensibilitätsschulung beitragen können, orientieren sich an den vier Aspekten Inhalt, Beziehung, Appell und Selbstoffenbarung (vgl. Schultz von Thun, 1989, sowie Kap. 1.3, Abb. 9) einer verbalen Äußerung.

Zum Beispiel berichtet eine Supervisandin über eine Konfliktsituation, die sie ein paar Tage zuvor in einem Elterngespräch erlebt hatte. Im Verlauf dieses Gesprächs sagte der Vater der Schülerin in vorwurfsvollem Tonfall zur Lehrerin: »Meine Stefanie hat sich schon öfters darüber beschwert, daß in ihrem Deutschunterricht Kinder so laut sind, daß sie sich nicht richtig konzentrieren kann.«

Die übrigen Supervisionsgruppenmitglieder können nun gezielte Fragen nach den vier Aspekten dieser Mitteilung stellen, wie z.B.:

Inhalt: »Was *genau* hat der Vater gesagt?«

Beziehung: »In welchem Verhältnis stehst du zu diesem Vater?«, »Wie schätzt du eure Beziehung ein?«, »Gab es bereits vor diesem Gespräch besondere Ereignisse (z.B. Vorwürfe des Vaters an die Lehrerin), die eure Beziehung kennzeichnen?«, »Welche Stellung in der Klassenelternschaft hat dieser Vater?« usw.

Appell: »Was, denkst du, will dieser Vater von dir eigentlich?« oder: »Wenn du in die Rolle des Vaters gehst und in der Ichform einen Satz mit ... ›Ich will ...‹ anfängst, wie würde dieser Satz aussehen?«

Selbstoffenbarung: »Welche Gefühle hast du bei diesem Vater wahrgenommen?«, »Woran hast du *konkret* gemerkt, daß er ärgerlich, enttäuscht usw. war?«

Im Anschluß an diese Fragen zu den vier Aspekten einer Mitteilung, d.h. zur genauen Wahrnehmung der Situation, können die Supervisionsgruppenmitglieder mit den Fragen des Abschnitts 3.1.1 zur Bedeutungsgebung, den Gefühlen sowie den gezeigten Reaktionen fortfahren. Das genaue Erfassen der vier Aspekte einer Mitteilung ist deshalb so wichtig, weil es in diesem Bereich zu den häufigsten Kommunikationsschwierigkeiten kommt. So kann z.B. für den Absender der Mitteilung in erster Linie der Appellaspekt wichtig sein (»Ich will, daß du das und jenes tust«, z.B. mehr für Ruhe in der Klasse sorgen usw.) und beim Empfänger kommt nur der Inhaltsaspekt an (Stefanie läßt sich leicht durch unruhige Mitschülerinnen ablenken). In der Alltagssprache nennt man das dann »aneinander vorbeireden«.

3.1.4 Fragen zum Selbstschutz, zur Psychohygiene des Supervisanden

Neben den weiter unten vorgestellten Methoden wie Phantasiereisen, Entspannungstechniken und Energiekuchen sind gezielte Fragen der Supervisionsgruppenmitglieder zum Selbstschutz vor dem Ausbrennen, zur Psychohygiene wichtige Elemente des auf die Persönlichkeit des/der LehrerIn gerichteten Supervisionsfokus.

Eine kleine Auswahl der vielen möglichen Fragen an den/die SupervisandIn, die in diese Richtung zielen, könnte wie folgt aussehen:

- Welche Methoden, Möglichkeiten habe ich, um es mir in meiner Freizeit besonders gutgehen zu lassen?
- Was mache ich konkret wo, wie und mit wem, was sehe, höre, fühle (spüre) ich, wenn es mir besonders gutgeht: (sogenannter »moment of excellence«)?
- Wann ist es das letzte Mal passiert, daß es mir besonders gutging?
- Wie könnte ich es häufiger geschehen lassen, daß ich besonders gut mit mir umgehe?
- Welche Möglichkeiten habe ich, mich in einen guten Zustand zu versetzen, bevor ich in die Schule gehe?
- Wie lasse ich mich (ganz konkret) aus meinem guten Zustand herausbringen? Wer muß was machen, daß ich herausgekippt werde?
- Wenn es sich ab und zu nicht verhindern läßt, daß ich in der Schule in einen Streßzustand gerate, welche Möglichkeiten habe ich ganz konkret, um zu Hause oder anderswo den Streß wieder abzubauen?
- Welche Kraftquellen, welche »Energietankstellen« für das Auftanken physischer und psychischer Energie habe ich?
- Falls ich zuwenig Kraftquellen habe, welche neuen, zusätzlichen »Energietankstellen« kann ich mir erschließen?

Erfahrungsgemäß werden von SupervisandInnen Kraftquellen aus den folgenden Lebensbereichen genannt:

- *Natur:* sich alleine oder mit anderen in die Natur zurückziehen, joggen, wandern, Gartenarbeit machen usw.
- *Kunst:* musizieren, malen, sich auf eine sonstige Art kreativ beschäftigen.
- *Literatur:* lesen, schreiben, dichten.
- *Bewegung:* Sport, tanzen, auf alle möglichen Arten durch Bewegung Streß abbauen.
- *Menschen:* mit Familienmitgliedern, Freunden und Freundinnen, d.h. mit Menschen zusammen sein, deren Gegenwart dem/der SupervisandIn Kraft schenkt.

Die Erfahrung zeigt, daß wir alle eine ganze Reihe tatsächlicher und potentiell möglicher (aber noch nicht genutzter) Kraftquellen in uns haben, deren Erschließung durch den Supervisionsprozeß gefördert und begleitet werden kann.

3.1.5 Gruppendiskussion

(Vgl. auch Kapitel 2, »Überblick über den Prozeß der kollegialen Lehrersupervision«)

1. Phase: Der/die SupervisandIn trägt seine/ihre Frage an die Supervisionsgruppe, sein/ihr Problem vor. Der/die ModeratorIn achtet darauf, daß die Frage oder Fall-/Problemdarstellung nicht zu langatmig wird.
In dieser Phase hört die Gruppe genau zu, achtet auf verbale und nonverbale Signale beim/bei der SupervisandIn, und die Supervisionsmitglieder äußern noch keine Hypothesen oder gar Lösungsvorschläge.

2. Phase: Anschließend können die Gruppenmitglieder Informations- und Verständnisfragen stellen, die wichtig sind zur Erfassung der äußeren und inneren Wirklichkeit des/der SupervisandIn (vgl. dazu 3.1.1. »Die Kunst des hilfreichen Fragens«). Sie können in dieser Phase die Darstellung des/der SupervisandIn mit Hilfe ihres inneren Vier-Ebenen-Modells überprüfen:
a) Wie sahen die vier Aspekte der Mitteilung des/der SupervisandIn aus, welcher Aspekt steht im Vordergrund? Inhalt, Beziehung, Appell, Selbstoffenbarung?
b) Welche Bedeutung (aktuell oder überdauernd) entsteht bei mir durch Hypothesen, bezogen auf die Darstellung (Situation, Problem, Fall)? Welche Assoziationen, Bilder steigen in mir auf?
c) Welche Gefühle (psychisch oder körperlich) entstehen bei mir?
d) Was will ich am liebsten tun? Hier und jetzt in der Supervisionssituation bzw. im Alltag des Supervisanden?

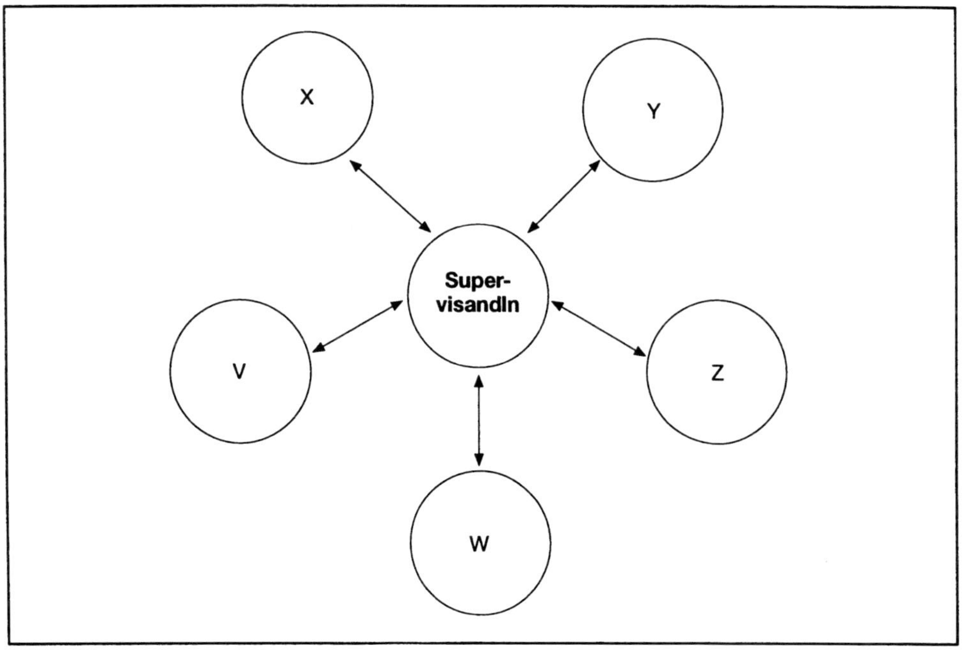

Abb. 15: Sternförmige Kommunikation

3. Phase: Die Gruppenmitglieder äußern reihum (ohne den anderen dabei zu unterbrechen) ihre Wahrnehmungen, Hypothesen (Bedeutungsgebungen), Gefühle und Reaktionsimpulse. Der/die SupervisandIn hört aufmerksam zu.
Da es bei dieser Diskussion nicht darum geht, wer »recht« hat, sondern nur darum, was zum/zur SupervisandIn und seiner/ihrer speziellen Situation »paßt«, sollen die Diskussionsbeiträge sich nur auf die Darstellung des/der SupervisandIn und nicht auf die der übrigen Supervisionsgruppenmitglieder beziehen. Es handelt sich also um einen *sternförmigen Kommunikationsprozeß* und nicht um einen radförmigen (s. Abb. 15, S. 63).

Wichtig: Nur der/die SupervisandIn kann entscheiden, welche Wahrnehmungen, Hypothesen, Gefühle oder Reaktionen am besten zu seinem/ihrem Problem passen und was davon er/sie in die Realität umsetzen will. Die Überprüfung in der Alltagsrealität entscheidet über die Nützlichkeit der Ideen, Vorschläge, Hypothesen usw., nicht die Gruppendiskussion!

Diskussionen nach dem Motto »Wer hat die ›schönste‹ Hypothese oder den ›besten‹ Vorschlag« sind absolut unfruchtbar.

Sehr hilfreich ist es, wenn parallel zur Gruppendiskussion an den jeweils passenden Stellen mit visuellen Methoden (z.B. System-Struktur-Zeichnungen u.ä.) und auf der kinästhetischen Ebene (z.B. Skulpturarbeit) unterstützend gearbeitet wird.

3.1.6 Phantasiereisen

Eine Supervisionsmethode, die auf die Stabilisierung der Lehrerpersönlichkeit zielt, die sowohl in den akustisch-verbalen als auch in den (innerlich) visuellen und kinästhetischen Bereich (Entspannung) gehört, ist die sogenannte *Phantasiereise.*

Im folgenden stellen wir eine Phantasiereise zu den inneren Kraftquellen und Ressourcen vor. Die Themen und Inhalte der Phantasiereisen richten sich nach dem jeweiligen Supervisionsthema, dem Supervisionsfokus.

Die Phantasiereise kann mit oder ohne Musikuntermalung durchgeführt werden. Zur Entspannung eignen sich besonders klassische Largo-Stücke von Bach, Corelli, Händel, Telemann oder Vivaldi, die etwa 60 Taktschläge pro Minute haben (vgl. Musikalische Entspannung, in: Hennig/Keller 1992, S. 55f.), oder modernere Musikstücke wie z.B. von Kitaro, Zamphir, Paul Horn, Deuter, Michael Vetter usw.

(Selbst)Anweisung für eine Phantasiereise zu den eigenen Kraftquellen und Ressourcen

1. *Einladung zur Reise* (Sammeln der TeilnehmerInnen):

   - »Ich möchte Sie zu einer Reise zu Ihren eigenen Kraftquellen einladen.«
   - »Sie können sich entscheiden, diese Einladung anzunehmen, oder sich entscheiden, die Zeit anderweitig zu nutzen und es sich gutgehen lassen, während andere auf die Reise gehen.«
   - »Erlauben Sie sich, den Unterschied zu spüren zwischen einer bequemen Sitzhaltung und einer unbequemen Sitzhaltung.«

2. *Entspannungsanleitung:* (auf allen Sinneskanälen, von außen nach innen)

a) *Abschied von der Außenwelt:*

Visuell:
- »Geben Sie sich die Erlaubnis, all das zu sehen, was zu sehen ist. Nehmen Sie die Formen, die Farben, die Dinge wahr, die um Sie herum sind, in diesem Raum.«

Auditiv:
- »Hören Sie, was zu hören ist, Geräusche, die von außen hereindringen, meine Stimme, die Musik, die langsam lauter und beherrschender wird. Geräusche im Zimmer« (auftretende Geräusche benennen).

Kinästhetisch:
- »Spüren Sie den Stuhl, auf dem Sie sitzen, die Rückenlehne, Ihre Hände auf den Schenkeln. Spüren Sie den Boden unter Ihren Füßen.«

b) *Wahrnehmung der Innenwelt:* (abwechselnd auf allen Sinnesebenen)

Kinästhetisch:
- Spüren, Beobachten, Hören des Atems. Aufmerksamkeit auf den eigenen Atem lenken. »Ich spüre den Atem, wie er langsam ein- und ausströmt.« (Anlehnung an autogenes Training)

Visuell:
- »Sie mögen sich erlauben, die Augen zu schließen. Jeder mag für sich selber entscheiden, ob er die Augen offenläßt oder ob er sie schließt. Bilder tauchen auf, Formen tauchen auf, aus der Vergangenheit, der Gegenwart oder Zukunft. Gedanken kommen, lassen Sie sie vorbeiziehen wie Wolken und betrachten Sie sie.«

Auditiv:
- Stimmen, Geräusche (möglichst vage).

Kinästhetisch:
- »Und irgendwo in Ihrem Inneren spüren Sie irgend etwas, diffus oder punktuell, und all das können Sie benutzen, um sich noch mehr zu entspannen.« (Möglichst allgemein bleiben, diffus, nicht konkret, damit jede/r die Möglichkeit hat, das ihm/ihr Gemäße herauszusuchen.)

3. *Beginn der Reise in der Vorstellung*, Bewegung, Hören, Sehen. Die Schätze in einem Haus, Wald, einer Rumpelkammer etc. (Auch hier möglichst diffus und vage bleiben, Wahlmöglichkeiten lassen.)

Betreten der »Schatzkammer«.
- »Viele Schätze liegen da. Von manchen wußten Sie, daß es sie gibt, manche erscheinen Ihnen neu.« (Abwechselnd auf allen Sinnesebenen Andeutungen machen.) »Alle diese Schätze sind Ihre Fähigkeiten, Ihre Kompetenzen, Ihre Stärken, all das, was Sie gut können.«

Visuell:
- »Sie sehen Dinge, die Ihnen bekannt vorkommen, und Dinge, die Ihnen unbekannt vorkommen. Große und kleine, manche leicht angestaubt. Erlauben Sie sich, all diese Dinge zu betrachten, die Formen, die Farben etc. Sie sind überwältigt von der Fülle.«

Kinästhetisch:
- »Sie mögen sich erlauben, die Dinge in die Hand zu nehmen, zu spüren. Wie fühlen Sie

sich an? Sie spüren die Kraft, die durch Ihren Körper fließt, Sie spüren die Energie, die durch Ihren Körper fließt. Sie spüren Freude und Stolz.« (Beschreiben der Gefühle.)

Auditiv:

- »Und all diese Dinge erzählen Ihnen eine Geschichte. Sie hören die Geschichte, so, wie ein alter Mann ein Märchen erzählt oder eine alte weise Frau zu Ihnen spricht, oder Sie hören Ihre eigene Stimme.« (Vergangenheit – Gegenwart – Zukunft)
- Zeit geben, in den Schätzen zu schwelgen. Sie zu sehen, zu befühlen, zu hören. Nur begleitet von Musik. »Die Kraft und Energie durchströmt Ihren Körper so wie die Musik, die Sie hören.«

4. *Schätze in der Zukunft ankern.*

»Es ist ein gutes Gefühl um diesen Schatz zu wissen. Wenn Sie wissen, daß all diese Dinge immer verfügbar sind, daß Sie sich jederzeit erlauben können, sie hervorzuholen, daß Sie da sind. Daß Sie sie zwar jetzt wieder guten Gewissens in Regale und Truhen legen können, denn Sie wissen, daß Sie sie jederzeit, dann, wenn Sie sie brauchen, wieder hervorholen können, und daß sie dann zur Verfügung stehen werden. Daher fällt es Ihnen jetzt leicht, sie wieder loszulassen, denn Ihr Unbewußtes wird dafür sorgen, daß sie dann, wenn Sie sie brauchen, zur Verfügung stehen. Heute, morgen oder erst in ein paar Monaten. Denn Sie haben den Schlüssel zu all diesen Schätzen, zu all Ihren Fähigkeiten und Ressourcen. Erlauben Sie sich, daß Sie die Kraft und Energie mitnehmen in den Alltag, daß diese Kraft jederzeit zur Verfügung steht. Daß Sie nicht alles ständig mit sich herumtragen müssen, da Sie all dies tief in sich selbst haben.«

5. *Rückorientierung:*

»Sie mögen sich erlauben, allmählich Abschied zu nehmen von all diesen Dingen und Schätzen. Sie können sich entscheiden, allmählich und in Ihrem Tempo sich wieder zurückzuorientieren in diesen Raum, einen letzten Blick zu werfen auf die Schätze und die Rückreise anzutreten.« (Wieder auf allen Sinnesebenen.) »Überrascht zu sein, was von der Außenwelt zuerst wahrgenommen wird. (Sehen, Hören, Fühlen.) Sich Zeit zu lassen – mit dem eigenen Tempo.«

Kinästhetisch:

- »Den eigenen Atem zu spüren, mit ein paar tiefen Atemzügen sich zurückorientieren, den Stuhl zu spüren, den eigenen Körper zu spüren, den Boden unter den Füßen. Die Schwere abzulegen wie einen Rucksack, sich leicht und frisch zu fühlen.«

Auditiv:

- »Die Geräusche wieder wahrzunehmen, die Musik, meine Stimme. Die Geräusche im Raum und außerhalb des Raumes.« (Eventuell konkret benennen.)

Visuell:

- »Die Augen zu öffnen und die Formen und Farben wahrzunehmen und vielleicht überrascht zu sein über die Intensität dieser Formen und Farben. Den Blick umherschweifen zu lassen, Dinge und Personen bewußt wahrzunehmen, den Blick wohlwollend auf den anderen ruhen zu lassen, mit den Augen Kontakt zu den anderen aufzunehmen.«

Kinästhetisch:

- »Sich erlauben zu gähnen, sich zu bewegen, sich zu recken und zu strecken wie eine Katze, die hinter dem Ofen wach wird.«

Musik allmählich ausblenden, nach einigen Augenblicken der Ruhe und Stille eventuell aufstehen, sich bewegen, gymnastische Übungen machen.

Variationen und Anregungen für weitere Phantasiereiseinhalte

Der Inhalt »Reise zu den eigenen Kraftquellen und Ressourcen« kann ersetzt werden durch den Inhalt »Mein Lieblingsort«. Die TeilnehmerInnen werden eingeladen, sich auf eine Phantasiereise in der oben beschriebenen Form an ihren jeweiligen Lieblingsort zu begeben, an dem sie dann innerlich verweilen können, mit allen Sinneskanälen diesen Lieblingsort intensiv genießen können. Zusätzlich kann noch dieser innere Lieblingsort durch eine Art Glasglocke oder ein Kraftschutzschild umhüllt und von der Umwelt abgeschirmt werden.

Die auf die Zukunft bezogene Instruktion lautet dann, daß die Phantasiereisenden in einer Alltagsstreßsituation sich mit Hilfe eines Wortes, einer Metapher, einer bestimmten Körperbewegung usw. innerlich an ihren Lieblingsort begeben können und so weniger leicht Gefahr laufen, in einen negativen Zustand zu geraten.

Eine weitere Variante besteht darin, eine Phantasiereise in eine Lebenssituation machen zu lassen, die wir auf irgendeine Art und Weise als sehr beglückend für uns erlebt haben. (sogenannter »moment of excellence«).

3.1.7 Fragebogen zur Vorbereitung der Fallbesprechung eines Problemschülers (Kollege/Eltern – s. Arbeitsblatt 4)

Wir machen immer wieder die Erfahrung, daß eine gezielte Vorbereitung eines Problemfalls durch den/die SupervisandIn die Effektivität der Fallbesprechung wesentlich erhöht.

Außerdem berichten KollegInnen regelmäßig, daß die Bearbeitung der Fragen zum Problemfall bei ihnen sogenannte innere Such- und Erkenntnisprozesse auslöst, die mitunter schon zur teilweisen oder vollständigen Klärung ihrer Fragen führen. Die Beantwortung der Fragen kann also als »Selbstsupervision« bezeichnet werden. Für die kollegiale Supervisionsgruppe bleibt weniger Arbeit übrig.

Da der/die SupervisandIn gezwungen wird, eine konkrete Frage, einen spezifischen Supervisionsauftrag an die übrigen Supervisionsgruppenmitglieder zu richten, verläuft der Supervisionsprozeß wesentlich strukturierter und klarer.

Der Fragebogen ist zwar zunächst einmal für eine Problemsituation mit einem Problemschüler gedacht, läßt sich jedoch mit geringfügigen Veränderungen auf Konflikte mit KollegInnen und Eltern übertragen.

Wie unschwer zu bemerken ist, beinhaltet das Arbeitsblatt 4 die Struktur unseres Interaktionsmodells (Kap. 1.3, S. 29).

Da die Ebene der Bedeutungsgebung eine wichtige Rolle spielt, ist es vorteilhaft, wenn der/die SupervisandIn sich schon vor der eigentlichen Supervisionssitzung Klarheit über ihre/seine Sichtweise der Entstehungsursachen und Einflußfaktoren des Problems verschafft. Welche Stressoren aus welchen Ursachenbereichen tragen nach der momentanen Sichtweise mit welchem Gewicht zum Problem bei? Wie schätzt der/die SupervisandIn seinen/ihren Einfluß auf das Problem und zur Problemlösung ein? Woran will er/sie dann in der Supervision konkret arbeiten? (Vgl. Arbeitsblatt 15.)

3.1.8 Fragebogen zur Selbsteinschätzung der Lehrerpersönlichkeit – zum Lehrerkollegium – zur Schule und Schulumwelt (Arbeitsblätter 5 bis 7)

Die im Anhang als Arbeitsblätter 5 bis 7 angefügten Fragebögen beziehen sich auf Fragestellungen, die im Gebäude des erfolgreichen Lehrens im Fundament (Lehrerpersönlichkeit) sowie im Dachgeschoß (Lehrerkollegium, Schulklima) angesiedelt sind.

Es geht also um eine (natürlicherweise subjektive) Bestandsaufnahme der persönlichen Ressourcen und Schwachstellen sowie um eine Analyse des Arbeitsplatzes Schule anhand der beiden Systemkomponenten Lehrerkollegium und Schulumwelt. Dadurch können mögliche Supervisionsanlässe in einen größeren Zusammenhang gestellt und ganzheitlicher betrachtet werden. Die beiden wenig hilfreichen Extremhaltungen »Es liegt alles nur an mir, ich bin ein Versager« oder »Es liegt alles nur an der Schule bzw. an der Bildungspolitik« (»Ich bin nur ein hilfloses Opfer«) können eher vermieden werden. Unserer Beobachtung nach fördern gerade diese beiden Haltungen in erster Linie das berühmt-berüchtigte »Burnout-Syndrom«!

3.1.9 Rollenspiele (vgl. Arbeitsblatt 8)

Eine der wichtigsten Supervisionsmethoden, die sowohl in die Rubrik verbale als auch kinästhetische Methode gehört, ist das *Rollenspiel.*

Auch wenn es in Lehrerkreisen immer wieder Ängste und Widerstände hervorruft (»Ich kann doch nicht Theater spielen« »Das ist doch eine so künstliche Situation« usw.), ist das Rollenspiel unserer Überzeugung nach eine Methode, die der Realsituation so nahe kommt wie keine andere.

Das Rollenspiel eignet sich sowohl hervorragend zur *Analyse* einer problematischen Interaktionssituation (LehrerIn – SchülerIn, LehrerIn – Eltern, LehrerIn – Lehrerkollegium) als auch zum Problemhandeln, dem Durchspielen möglicher Reaktionsalternativen (Ebene ④ in unserem Kommunikationsmodell) des/der SupervisandIn.

Immer wieder berichten uns LehrerInnen voller Verwunderung darüber, daß die tatsächlichen Reaktionen und Äußerungen ihrer Interaktionspartner dem Probehandeln (der Simulation) im Rollenspiel verblüffend nahe gekommen sind.

Sie konnten dann in der realen Problemsituation flexibler und angemessener reagieren, weil sie von der Handlung bzw. verbalen Äußerung des/der InteraktionspartnerIn weniger überrascht waren.

In Anlehnung an Roth/Bilz (1979) in Bachmair u.a. (1989) bietet das Rollenspiel in der Supervision folgende Möglichkeiten:

»1. Neue Reaktionen (Handlungsalternativen) auszuprobieren und einzuüben.
2. Bewußtmachen und Durcharbeiten von Gefühlen des Supervisanden, die die Interaktion zwischen ihm und einem Interaktionspartner (Eltern, Lehrer, Schüler) stören.
3. Sich einfühlen in den Interaktionspartner im Rollentausch.
4. Die Wirkung des eigenen Verhaltens aus der Sicht des Interaktionspartners erleben.

Die Vorteile des Rollenspiels sind die ständige Verfügbarkeit, das Erleben und Auflebenlassen von Handlungen und Gefühlen, die geringe Vorbereitung, die Aktivierung mehrerer Personen, die Wiederholung und Variation« (Bachmair u.a., 1989, S. 166).

Übrigens können wir in Supervisionsgruppen immer wieder die Beobachtung machen, daß in Situationen, in denen sich die Gruppendiskussion festgefahren hat, Rollenspiele durch neue Sichtweisen und die Hereinnahme der Handlungsebene wieder Bewegung hervorrufen.

Phasen des Rollenspiels anhand eines Supervisionsbeispiels

a) *Vorbereitungsphase:*
Hier geht es zunächst um die Auswahl und eine kurze Beschreibung der durchzuspielenden Situation, Festlegung der Zeitdauer, Auswahl der RollenspielerInnen sowie gegebenenfalls um eine gezielte Frage, worauf die beobachtenden Supervisionsgruppenmitglieder beim Rollenspiel besonders achten sollten.
In unserem Beispielsfall wählte eine Lehrerin der 4. Grundschulklasse eine Situation aus einem Übertrittsberatungsgespräch (Beratung der Eltern hinsichtlich der weiterführenden Schule ihres Kindes) aus, in der sie sich sehr unwohl gefühlt hatte, weil sie keine gemeinsame Ebene mit dem Vater finden konnte. Ihre Vorschläge, die weiterführende Schule betreffend, »prallten ab«. Sie suchte sich ein männliches Gruppenmitglied für die Vaterrolle und ein weibliches für die Mutterrolle aus und gab jedem Rollenspieler (Protagonisten) eine Instruktion wie Alter, Beruf, Sitzhaltung, viele oder wenige Redeanteile, dominante Gesprächsthemen und -ziele (z.B. Kind soll unbedingt aufs Gymnasium) usw.
Außerdem plazierte sie die Rollenspieleltern, die in der Realsituation auf Kinderstühlen sitzen, auf die andere Seite ihres Lehrerpults, eng beieinandersitzend, im Abstand von ca. zwei Metern zu sich selbst.
Dem Vater gab sie eine eher drohende, aggressive Körperhaltung und Stimme, der Mutter eine eher schüchterne, unsichere.
Als Beobachtungsaufgabe an die Gruppe richtete sie den Wunsch herauszufinden, welche Prozesse auf der verbalen bzw. nonverbalen Ebene zwischen ihr und dem Vater im Rollenspiel ablaufen, die zu einem immer größeren »Widerstand« bei ihm führen.
Da sich in der Rollenspielpraxis erwiesen hat, daß in der Regel kürzere Sequenzen ausreichen zur Analyse des Interaktions- und Kommunikationsprozesses und längere Sequenzen die Gruppenmitglieder in ihrer Beobachterrolle überfordern, vereinbarte die Gruppe mit der Supervisandin eine Rollenspieldauer von zehn Minuten.

b) *Durchführung des Rollenspiels:*
Hierbei ist es wichtig, daß sich die BeobachterInnen mit verbalen Kommentaren, Seitengesprächen, Lachen usw. absolut zurückhalten, da ansonsten die RollenspielerInnen vom Spielgeschehen abgelenkt werden können. Der/die ModeratorIn bzw. ein beobachtendes Gruppenmitglied stoppt das Rollenspiel zum vereinbarten Zeitpunkt. Als sinnvoll hat es sich übrigens herausgestellt, daß sich die beobachtenden Gruppenmitglieder ihre Beobachtungsaufgaben aufteilen können, also zum Beispiel einige beobachten die Prozesse auf der verbalen Kommunikationsebene, andere solche auf der nonverbalen Interaktionsebene, wie z.B. Mimik, Gestik, Körperhaltung, Tonfall, Veränderung der Sitzposition usw. (Arbeitsblatt 19, S. 137).

c) *Auswertungsphase:*
In der Auswertungsphase teilen zunächst die BeobachterInnen mit, welche Kommunikations- und Interaktionsprozesse sie auf der nonverbalen und verbalen Ebene der Protago-

nisten wahrgenommen haben. Ferner können sie mit Hilfe des Vier-Ohren-Modells (Abb. 9, S. 32) analysieren, welche der vier Grundaspekte (Information – Appell – Selbstoffenbarung – Beziehung) bestimmend in den Äußerungen der gespielten GesprächspartnerInnen der/des SupervisandIn waren, und auf welche sie/er eingegangen ist.

In unserem Beispielsfall fiel den BeobachterInnen auf der *nonverbalen* Ebene das folgende auf:
- Das Pult zwischen Lehrerin und Eltern wirkte wie eine kontaktverhindernde Barriere.
- Die Eltern saßen in der Realsituation auf kleineren Stühlen als die Lehrerin, weshalb keine gleiche Augenhöhe möglich war. (Achten Sie mal in einer Gesprächssituation, in der sie zum Gesprächspartner aufblicken müssen, darauf, welche Gefühle und Handlungsimpulse sich bei Ihnen einstellen!)
- Die Körperhaltung der Lehrerin drückte eher Verschlossenheit aus (übereinandergeschlagene Beine und verschränkte Arme, Schultern leicht hochgezogen).

Auf der *verbalen* Ebene teilten die BeobachterInnen u.a. folgende Eindrücke mit:
- Die Eltern, vor allem der Vater, sandten Botschaften auf den Ebenen *Selbstoffenbarung* (Enttäuschung darüber, daß die Lehrerin seinen Sohn nicht für gymnasialgeeignet hält) und *Appell* (Wunsch, die elterlichen Zukunftsängste bzw. -erwartungen ihr Kind betreffend ernst zu nehmen) aus.

Dagegen reagierte die Lehrerin vorwiegend auf den Ebenen *Inhalt* (Beschreibung der Anforderungsunterschiede zwischen Gymnasium und Realschule) und *Beziehung* (indem sie ihre Fachkompetenz herausstreicht und den Eltern sagte, was das »Beste« für sie ist).
Beide Seiten handelten übrigens nach dem unseligen Prinzip »mehr vom selben«: Je stärker die Eltern die Appell- und Selbstoffenbarungsdimension ihrer Aussage betonten, desto mehr versteifte sich die Lehrerin auf den Inhalts- und Beziehungsaspekt und umgekehrt. Die Eltern fühlen sich von der Lehrerin nicht verstanden, die Lehrerin interpretiert das Elternverhalten als »Widerstand« gegenüber ihren gutgemeinten Ratschlägen.
Als nächstes kommen die Gesprächspartner der Supervisandin zu Wort, die über den äußeren Rahmen der Gesprächssituation, ihre Gefühle während des Rollenspiels, ihre Wahrnehmung der Supervisandin, darüber, »was sie eigentlich von ihr wollten«, wie sie die Supervisandin wahrgenommen haben, welche Handlungsimpulse sie bei ihnen ausgelöst hat usw., berichten. Interessant ist in diesem Zusammenhang auch die Frage an die Protagonisten: »Was habe ich laut gesagt, und was habe ich gedacht, aber für mich behalten?«
In unserem Beispielsfall empfanden die Elternprotagonisten auf der nonverbalen Ebene die ungleiche Augenhöhe zwischen Eltern und Lehrerin, das als Barriere wirkende Pult sowie die »Kinderstühle« als für die Beratungssituation ungünstig und als kontaktverhindernd.
Die Kinderstühle versetzten übrigens den Vater, der wenig angenehme Erinnerungen an seine Schulzeit hatte, innerlich in bestimmte Schülersituationen zurück. Im übrigen bestätigten die Elternrollenspieler die Beobachtungen der übrigen Supervisionsgruppenmitglieder hinsichtlich des *»Nichtpassens«* der vier Kommunikationsaspekte ihres Gesprächs: Sie fühlten sich von der Lehrerin nicht verstanden, weil ihnen die Ebenen Selbstoffenbarung und Appell (s.o.) wichtig waren und die Lehrerin nur auf die Ebenen Inhalt und Beziehung reagierte.
Nach den Beobachtern und Rollenspielpartnern kommt schließlich auch die Supervisandin zu Wort, indem sie ihre Gefühle und Beobachtungen während des Rollenspiels schil-

dert und Ähnlichkeiten und Unterschiede zur real erlebten Situation reflektiert. Wichtig ist auch, daß sie für sich selbst innerlich – oder äußerlich an die Supervisionsgruppenmitglieder gewandt – eine Art Resümee aus den mitgeteilten Beobachtungen der Rollenspielpartner sowie der übrigen Supervisionsgruppenmitglieder zieht: Was davon will sie in den Alltag übertragen, worauf will sie in zukünftigen Gesprächssituationen besonders achten, was möchte sie innerhalb oder außerhalb der Supervisionsgruppe besonders trainieren (z.B. Gesprächsführung)? Welche Eigenanteile wirken sich positiv oder negativ in ihrem Kommunikations- und Interaktionsverhalten aus? usw.

d) *Entlassen aus der Rolle* (de-roling):
Da immer wieder die Gefahr besteht, daß RollenspielerInnen sich derart stark mit ihrer Rolle identifizieren bzw. in diese »hineinrutschen«, daß sie sie auch noch nach dem Rollenspiel belastet, kann der Moderator bzw. die Moderatorin mit Hilfe der folgenden Anweisung das Rollenablegen erleichtern:
- »Setzen Sie sich in ganz entspannter Haltung (Kutschersitz) auf Ihren Stuhl. Schließen Sie die Augen. Atmen Sie einige Male ganz tief ein bis in den Bauch und aus. Spüren Sie den Kontakt Ihres Rückens mit der Stuhllehne, Ihres Hinterns mit der Sitzfläche, Ihrer Füße mit dem Boden. Spüren Sie, in welcher Körperregion Sie verspannt sind, spannen Sie diesen Körperteil bewußt an und entspannen Sie ihn dann. Machen Sie das einige Male hintereinander.«
- »Nehmen Sie nun Ihre Rolle wie einen Hut von Ihrem Kopf und legen Sie sie ganz bewußt neben sich. Sagen Sie sich mehrmals leise Ihren Namen: ›Ich bin ... XY.‹ Wenn Sie das Gefühl haben, wieder ganz bei sich selbst zu sein, öffnen Sie die Augen.«

(Bachmair u.a., 1989, S. 143)

Weitere methodische Varianten des Rollenspiels:

a) *Das Doppeln,* eine dem Psychodrama entnommene Technik: Der/die SupervisandIn wird vom Moderator/von der Moderatorin aufgefordert, »laut zu denken«, d.h., alle Gedanken und Gefühle positiver wie negativer Art, die ihn/sie vom Gesprächskontakt her bewegen, laut zu äußern. Der/die ModeratorIn oder ein/e BeobachterIn stellt sich nun als »doppeltes Ich« des/der SupervisandIn hinter dessen/deren Stuhl und versucht in der Ich-Form vor allem auf der Gefühls- und Bedeutungsebene die meist nicht klar und direkt hervortretenden Gedanken und Gefühle zu verbalisieren und zu vertiefen.

Beispiel:
Doppeltes Ich: »Wenn ich als Schulleiter meine Kollegin X jetzt so benote, wie ich es für richtig halte, wird sie gekränkt sein und es mir dadurch heimzahlen, daß sie Dienst nach Vorschrift macht. Ich will sie einerseits gerecht beurteilen, andererseits nicht ihre engagierte Mitarbeit verlieren.«
Das Doppeln hat das Ziel, dem/der SupervisandIn zu erleichtern, seine/ihre Gedanken und Gefühle zu klären. Dadurch, daß verborgener Ärger, nicht eingestandene Ängste, unklare Erwartungen usw. offener und direkter geäußert werden, fällt es dem Supervisanden, der Supervisandin leichter, damit »umzugehen«, d.h., sie zuzulassen, zu bearbeiten, zu ordnen, Gegenstrategien zu entwerfen und somit für den kommenden Gesprächskontakt besser gerüstet zu sein.

Wie an dem oben aufgeführten Beispiel ersichtlich wird, ist es für den »Doppler« sehr wichtig, nicht nur darauf zu achten, *was* der/die SupervisandIn sagt, sondern auch *wie* er/sie es sagt (Stimme, Mimik, Gestik, Körperhaltung). Zwischen Inhalt und Form des Gesagten können sehr erhebliche Widersprüche auftreten. Im Zweifelsfalle vertraue der »Doppler« eher dem »Wie« als dem »Was«.
(Bachmair u.a. 1989, S. 141)

b) Durch einen *Rollenwechsel* kann der/die SupervisandIn die Rolle der/des GesprächspartnerIn übernehmen und umgekehrt. Durch diese Methodenvariante erhält der/die SupervisandIn die Gelegenheit, hautnah in der Rolle des Gesprächs- und Konfliktpartners zu sehen, zu hören und zu spüren, welche Auswirkungen sein/ihr Kommunikations- und Interaktionsverhalten auf den Schüler, die Eltern, die Kollegen hat. Erfahrungsgemäß löst ein Rollenwechsel immer wieder sogenannte »Aha-Erlebnisse« aus, nach dem Motto: »Menschenskind, jetzt habe ich endlich mal erleben können, wie es einem als Mutter (Vater), SchülerIn, Kollege in der Situation XY geht!«

3.1.10 Das Planspiel – eine Variante des Rollenspiels (vgl. Arbeitsblatt 9 im Anhang)

Planspiele können als stark formalisierte Rollenspiele bezeichnet werden, mit dem Ziel, »in einem überschaubaren, künstlich gezogenen Rahmen, Wirklichkeit zu simulieren, mit der Absicht, die ganze komplexere Wirklichkeit später besser zu bewältigen« (Daigl 1988, S. 21).

Nach Coburn-Staege (1977) zeichnen sich Planspiele u.a. dadurch aus, daß sie Zusammenhänge analysierbar, Interessen der beteiligten Gruppen erfahrbar, den Verlauf eines konflikthaften Prozesses erkennbar und die Regelung eines Konflikts im Simulativ möglich machen.

Unterschiede zum Rollenspiel:

- Planspiele erstrecken sich über einen längeren Zeitraum (z.B. mehrere Stunden).
- Es sind in der Regel mehr Personen (komplexere Systemebenen) beteiligt.
- Es werden nicht nur persönliche, sondern auch schriftliche und telefonische Kontakte simuliert.
- Die Rollen werden in der Regel schriftlich fixiert.
- Eine schriftliche Situationsbeschreibung wird an alle Beteiligten vorher ausgeteilt.

Als besonders geeignet für das Planspiel erscheinen komplexere Konfliktsituationen, an denen in der Regel mehr als zwei Personen bzw. Parteien beteiligt sind, wie z.B.:

SupervisandIn – Eltern – SchulleiterIn
SupervisandIn – Teil (Fraktion) des Kollegiums – SchulleiterIn
SupervisandIn – Teil I (Fraktion) des Kollegiums – Teil II (Fraktion) des Kollegiums
SupervisandIn – Eltern – schulexterne/r HelferIn (sogenannte Helferkonferenz)

Demonstration eines Planspiels anhand einer Konfliktsituation Supervisandin (Klassenlehrerin) – Fachlehrer – Problemschüler – Eltern – Schulleitung

a) Vorbereitung:

Zunächst wird an alle Supervisionsgruppenmitglieder eine *Situationsbeschreibung* ausgeteilt, die in unserem Fall wie folgt aussieht:
Es geht um den elfjährigen Michael Hacker, 5. Klasse Realschule, der sich in einer ausgesprochenen Außenseiterposition befindet. Seit Anfang dieses Schuljahres – im Augenblick ist es Mai – kam es wiederholt zu Einträgen in das Klassenbuch wegen Unterrichtsstörungen sowie diverser Aggressionen im Pausenhof.
Besonders gestört ist die Beziehung zwischen Michael H. und Herrn Ballreich, Fachlehrer für Sport und Englisch.
In telefonischen und persönlichen Gesprächen hat Michaels Mutter der Supervisandin (Klassenlehrerin) zu verstehen gegeben, daß sie vom pädagogischen Geschick des Fachlehrers Herrn Ballreich nicht viel hält, umgekehrt hat Herr Ballreich ihr in Pausengesprächen im Lehrerzimmer mitgeteilt, daß er in der Überbehütung des Michael durch seine Mutter eine Erziehungsfehlhaltung sehe.
Beide können nicht mehr miteinander reden, weil es immer schnell zu Auseinandersetzungen kommt. Im Verlauf des letzten Gesprächs mit Herrn Ballreich ist die Mutter aufgesprungen und weinend aus dem Elternsprechzimmer gerannt. Michael scheint die Mutter und den Fachlehrer Herrn Ballreich gekonnt gegeneinander auszuspielen.
In dieser Situation hat die Mutter auf ein gemeinsames Gespräch zwischen ihr, der Supervisandin (Klassenlehrerin), dem Fachlehrer Herrn Ballreich sowie dem Schulleiter Herrn Schlichte gedrungen.
Die Supervisandin hat sich unter großen Vorbehalten zu diesem Gespräch bereit erklärt.

Rollenbeschreibung Frau Hacker (Mutter von Michael)

Sie sind 43 Jahre alt, sind seit 15 Jahren mit ihrem Mann Karl-Heinz verheiratet, seit der Geburt von Michael Hausfrau, vorher waren sie als MTA an der Universitätsklinik tätig.
Ihr Mann Karl-Heinz ist von Beruf Volkswirt und leitender Mitarbeiter in einem kleinen, aber sehr erfolgreichen Unternehmensberatungsinstitut. Er liebt seinen Beruf so, daß er selbst an den Weihnachtsfeiertagen zu Hause Geschäftsunterlagen bearbeitet.
Je älter das Kind geworden ist, desto weniger füllt Sie der Hausfrauenjob aus. Sie sehen aber derzeit keine reale Möglichkeit, in Ihren Beruf wieder neu einzusteigen. Dafür wünschen Sie sich wenigstens, daß Ihr Mann mehr Zeit für Sie investiert und nicht seine ganze Kraft und Zeit in den heißgeliebten Beruf steckt.
Aber nicht nur Ihnen fehlt Ihr Mann, Ihrer Meinung nach wäre es auch für Michael sehr wichtig, mehr Kontakt mit dem Vater zu haben.
In der Schule wird Michael von vielen Mitschülern gehänselt, keiner will neben ihm sitzen, von den Spielen wird er ausgeschlossen.
Sie sind der Überzeugung, daß die Lehrer und Lehrerinnen, besonders Herr Ballreich, mehr für die Integration Michaels in die Klasse tun könnten (die anderen Kinder zurechtweisen und Michael mehr schützen), statt ihn mit Strafen – ihrer Meinung nach – ungerecht zu behandeln.
Sie halten vom pädagogischen Geschick des Herrn Ballreich wenig und lassen ihn dies auch spüren.

Rollenbeschreibung Michael Hacker

Du bist 11 Jahre alt und besuchst die 5. Klasse der Realschule.
Die Schule und das Lernen am Nachmittag stinken Dir ziemlich. Du weißt zwar, daß Du kein Engel bist, aber dennoch fühlst Du Dich von den meisten Lehrern ungerecht behandelt, besonders von Herrn Ballreich, Fachlehrer für Mathematik und Sport. Ihn kannst Du überhaupt nicht ausstehen.
Du verstehst es sehr geschickt, Deine Eltern gegeneinander auszuspielen: Wenn Dir die Mutter etwas verbietet, gehst Du zum Vater, und umgekehrt. Meist ist die Mutter diejenige, die die nachgiebigere Haltung Dir gegenüber einnimmt, so daß Du dich ihr insgeheim näher fühlst als dem Vater.
Ebenso kannst Du sehr gut den Herrn Ballreich und Deine Mutter sowie Herrn Ballreich und Deine Klassenlehrerin gegeneinander ausspielen, indem Du nicht immer die Wahrheit sagst.

Rollenbeschreibung Herr Ballreich, Lehrer für Sport und Mathematik

Sie sind 48 Jahre alt und gehören zu den »bewährten und altgedienten« Kollegen in Ihrer Schule. Sie sind zusätzlich noch Fachleiter in Mathematik.
Sie haben es immer wieder geschafft, durch eine harte Hand Michael in seine Schranken zu weisen. Sie treten für eine strikte Trennung von Schulleben und Privatleben der Schüler ein.
Alle sozialen und emotionalen Bereiche sollten Ihrer Meinung nach strikt aus der Schule herausgehalten werden.
In Lehrerkonferenzen rasseln Sie immer wieder mit der Klassenlehrerin zusammen, die Ihrer Meinung nach viel zu gutmütig ist und sich von Michael und auch den anderen Schülern viel zuviel gefallen läßt.
Sie werden auf jeden Fall im anstehenden Gespräch mit dem Schulleiter, der Klassenlehrerin und Frau Hacker eine harte Linie vertreten. Außerdem halten Sie sowieso nichts von solchen Gesprächen.

Rollenbeschreibung Schulleiter Herr Schlichte

Ihnen kommen die ganzen Probleme mit Michael Hacker höchst ungelegen. Sie sehen nämlich voraus, daß nun wieder die beiden Streithähne Herr Ballreich und die Klassenlehrerin Michaels aufeinanderprallen werden.
Aus mehreren Gründen möchten Sie es im anstehenden Gespräch unbedingt vermeiden, eindeutig Stellung zu beziehen:

1. weil sie von Ihrem Naturell her eher ausgleichend, vermittelnd und konfliktscheu sind;
2. weil Sie Ihre Rolle als Schulleiter als integrierend und über den Parteien stehend erleben;
3. hinsichtlich der Außenwirkung an Ihrer Schule ist es Ihnen äußerst wichtig, daß die Schule ihren »guten Ruf« behält, nämlich so gut wie keine »Problemfälle« zu haben.

Während die Situationsbeschreibung an alle Teilnehmer ausgeteilt wird, erhalten nur diejenigen die schriftliche Rollenbeschreibung, die sich für die entsprechende Rolle gemeldet haben. Über irgendwelche Inhalte der Rollenbeschreibung dürfen sie den übrigen Mitspielern nichts mitteilen. Nachdem sie ihre jeweilige Rollenbeschreibung durchgelesen haben,

können die Protagonisten zur stärkeren Identifizierung mit der Rolle sich ein Namensschild mit dem Rollennamen an die Brust heften.
Zwar kann die übernommene Rolle durchaus noch ausgeschmückt und erweitert werden, aber der in der Rolle angelegte Grundkonflikt mit den anderen Rollenspielern sollte unbedingt »ausgespielt« werden.
Ferner wird den Rollenspielern noch die Möglichkeit erläutert, neben persönlichen auch schriftliche und telefonische Kontakte (Rollenspieler sitzen Rücken an Rücken) zu spielen.
Wie beim Rollenspiel werden auch beim Planspiel an die nichtbeteiligten Supervisionsgruppenmitglieder spezielle Beobachtungsaufgaben verteilt (Arbeitsblatt 19, S. 137).

b) Durchführung:

Der/die ModeratorIn kann hier die Funktion eines/einer SpielleiterIn einnehmen, der/die darauf achtet, daß während des Planspiels nicht außerhalb der Rolle »über« die Rolle gesprochen wird. Außerdem kann er/sie sozusagen als »BriefträgerIn« schriftliche Kontakte zwischen den PlanspielerInnen herstellen.
In unserem als Beispiel skizzierten Planspiel versuchte die Mutter Michaels, Frau Hacker, vor dem geplanten Gruppengespräch die Klassenlehrerin durch ein Telefongespräch auf ihre Seite (d.h. gegen Herrn Ballreich) zu ziehen. Außerdem erhielt ihr Kontrahent, Herr Ballreich, einen wütenden Brief von ihr.

c) Auswertung:

Die einzelnen Auswertungsschritte sowie das *Rollenablegen* laufen in derselben Form ab, wie sie weiter oben im Abschnitt »Rollenspiel« beschrieben sind.
In Ergänzung zum Rollenspiel kann hier noch der Frage nachgegangen werden, welche PlanspielerInnen mit welchen anderen PlanspielerInnen wie viele Kontakte hatten.
In der Auswertung des Planspiels erwies sich eine System-Struktur-Zeichnung (vgl. S. 76), in der die beteiligten Personen sowie ihre Beziehungsstrukturen visuell dargestellt wurden, als äußerst hilfreich für die Supervisandin. Die von den Beobachtern und Planspielern entworfene System-Struktur-Zeichnung sah wie in Abb. 16. S. 76, dargestellt aus.
Auch erhält die Klassenlehrerin vom Schulleiter in analoger Weise die »heiße Kartoffel« Konfliktlösung zugeschoben, wie in der Familie die Mutter vom Vater die Verantwortung für Michaels Schulleistung aufgebürdet bekam. So können sich Michaels Vater und der Schulleiter fein heraushalten.
Als Ergebnis dieses Planspiels nahm sich die Supervisandin fest vor, alles zu unternehmen, um nicht die »heiße Kartoffel« anzunehmen: Sie will zum einen darauf drängen, daß auch Michaels Vater an diesem von der Schule anberaumten Gespräch teilnimmt, zum anderen will sie strikt darauf achten, den Schulleiter stärker in seine Pflicht zu nehmen, intensiver zur Konfliktlösung beizutragen. Außerdem will sie versuchen, ihre permanenten Konflikte mit dem Kollegen Ballreich im Beisein eines neutralen Dritten (z.B. Beratungslehrer) offen anzusprechen und zu klären.
PS: In der nächsten Supervisionssitzung wenige Wochen später berichtete die Supervisandin, daß im Verlauf des inzwischen stattgefundenen Gesprächs Herr und Frau Hacker sich gegenseitige Vorwürfe hinsichtlich einer »falschen Erziehung« von Michael machten. Der Konflikt kam damit sozusagen auf die Ebene, auf die er auch eigentlich hingehört. Die

Eltern erklärten sich im Anschluß an dieses Gespräch bereit, Kontakt mit der Beratungslehrerin der Schule aufzunehmen.

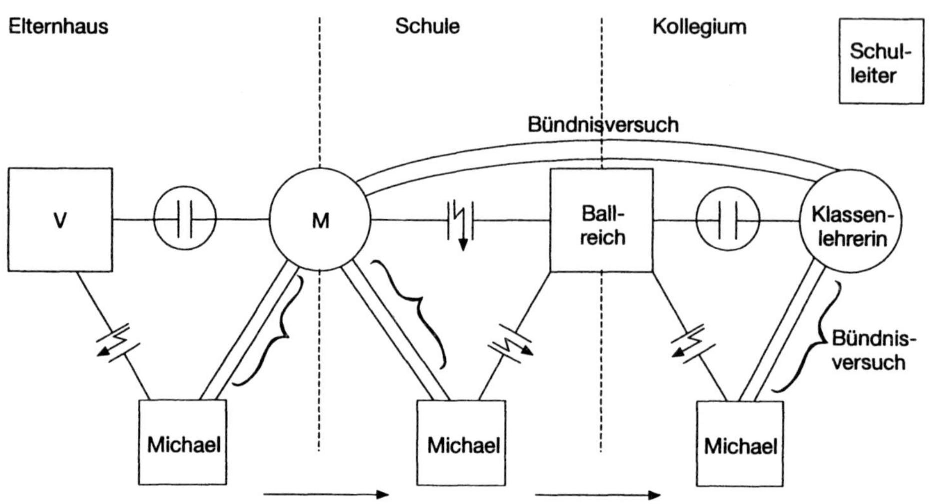

Erläuterung (Symbole vgl. S. 125): Es handelt sich um eine typische »Musterübertragung« aus einem sozialen Kontext in einen anderen: Die Dreieckskonstellation: verdeckter Konflikt Vater – Mutter, der ausgetragen wird über eine unterschiedliche Erziehungshaltung Michael gegenüber, und Michael als derjenige, der Vater und Mutter gekonnt gegeneinander ausspielt, wird übertragen auf die Mutter – Lehrer Ballreich – Michael sowie Ballreich – Klassenlehrerin – Michael. Sowohl das Elternpaar als auch die Klassenlehrerin (Supervisandin) und Herr Ballreich tragen ihren Konflikt in Form einer Umleitung über die Frage des »richtigen« Umgangs mit Michael aus. Die Mutter und Michael versuchen Bündnisse mit der Klassenlehrerin anzubahnen.

Abb. 16: System-Struktur-Zeichnung des Planspiels

3.2 Supervisionsmethoden auf der visuellen Ebene

3.2.1 System-Struktur-Zeichnung

Die System-Struktur-Zeichnung ist eine Methode, die es ermöglicht:

- eine Übersicht über die am Problem beteiligten Personen und Systeme zu erhalten;
- die Beziehungen der Personen bzw. der Systeme untereinander zu verdeutlichen;
- Informationen und Beziehungen, die auf der akustischen Ebene verwirrend erscheinen, zu strukturieren, zu ordnen, überschaubarer und damit handhabbarer zu machen;
- Beziehungen und Strukturen zu analysieren;
- Beziehungsmuster und eventuelle Musterübertragungen zu erkennen;
- durch den »dissoziativen« Blick Abstand zum Problem zu bekommen und die eigenen Verwicklungen im System zu erkennen.

Aufgrund der vorliegenden Informationen und mit Hilfe bestimmter Symbole (siehe Arbeitsblatt 10) wird an einer Tafel oder an einer Wandzeitung das besprochene System bzw. die besprochene Familie optisch aufgezeichnet. Der/die SupervisandIn kann so den »Fall« anhand einer vorgefertigten System-Struktur-Zeichnung vorstellen. Im weiteren Verlauf wird diese Zeichnung dann durch neue Informationen, die sich durch die Interviewfragen der TeilnehmerInnen ergeben (vgl. Kap. 2.3), erweitert.

Oder ein Gruppenmitglied entwickelt die Strukturzeichnung parallel zum Interview an der Wandtafel. Die vorliegenden Informationen ergeben das erste Bild, das wiederum Anregungen zu weiteren Interviewfragen bietet.

Aus dieser System-Struktur-Zeichnung lassen sich Hypothesen ableiten. Auf der anderen Seite können auch vermutete Beziehungszusammenhänge den anderen Gruppenmitgliedern »sichtbar« gemacht werden.

Die Vorgehensweise soll mit folgendem Beispiel verdeutlicht werden: In einer Supervisionssitzung stellt eine Lehrerin ihr Problem vor, das sie mit dem Schüler Marc (4. Klasse Grundschule) hat. Sie sieht Marc als Außenseiter, obwohl er ihrer Ansicht nach ein netter und lieber Junge ist. Marc ist für sein Alter eher klein, wirkt sehr blaß und verängstigt. Das erste Schuljahr verbrachte er an einer anderen Schule, in der jetzigen Klasse hat er nie recht Fuß gefaßt. Seine eher »weinerliche« Art und seine Neigung zum Petzen verstärken diese Rolle. Marc ist noch sehr unselbständig, er braucht laufend die Bestätigung und die persönliche Ansprache durch die Lehrerin. Er muß oft rückfragen, was zu tun ist, obwohl dies nach der Einschätzung der Lehrerin gar nicht nötig wäre. Sie hält ihn nicht für dumm, glaubt, daß mehr in ihm steckt, daß er ein guter Schüler sein könnte, wenn er sich nicht selbst im Wege stehen würde. Aufgrund der momentan gezeigten Leistungen muß sie ihm jedoch die Empfehlung für die Hauptschule aussprechen, auch wenn sie das sehr schade findet.

Trotz der großen Bemühungen und dem gezeigten Wohlwollen fällt Marc der Lehrerin »immer wieder in den Rücken«, bockt, lügt sie an, hält sich nicht an Vereinbarungen, blockt ab usw.

Bisherige Kontakte bestehen nur zur Mutter. Die Familie zog vor $2^1/_2$ Jahren an diesen Schulort. Der Vater wird als streng geschildert, der viel von dem Jungen fordert und ihn oft für schlechte Leistungen tadelt und bestraft. Die Mutter wird dagegen als überfürsorglich, fast »gluckenhaft« beschrieben. Sie lernt viel mit dem Jungen, »rennt ihm ständig nach«, begleitet ihn öfters in die Schule. Im Verlaufe der dritten Klasse gestand sie der Lehrerin, daß sie dem Vater nicht alles von der Schule erzählen würde, um Marc zu schützen.

Die ältere Schwester ist problemlos, geht auf das Gymnasium, und zwar ziemlich erfolgreich, wie die Lehrerin weiß. Von Marc erfuhr die Lehrerin, daß er sich oft mit seiner Schwester streitet. Die Lehrerin vermutet, daß die Mutter unter starkem Druck von seiten des Vaters sowie der Schwiegermutter steht, etwas »Rechtes« aus dem Jungen zu machen.

Aufgrund dieser Informationen und mit Hilfe der in Arbeitsblatt 10 (S. 125) aufgeführten Symbole zeichnet ein Gruppenmitglied dann folgende (s. S. 78) System-Struktur-Zeichnung auf.

Zwischen Mutter und Sohn besteht eine enge Verbindung, eine Koalition gegenüber dem Vater. Die Mutter schützt Marc. Aus der Zeichnung wird auch die isolierte Situation von Marc deutlich. Konflikte zum Vater wegen der Schulleistung, Konflikte zur Schwester, Konflikte zu Mitschülern. Die Verbindung zur Mutter wird dann um so wichtiger. Auch die Mutter scheint eher isoliert zu sein.

Dieses Muster erleben wir in unserer Beratungspraxis häufig. Das Symptom, das ein Kind

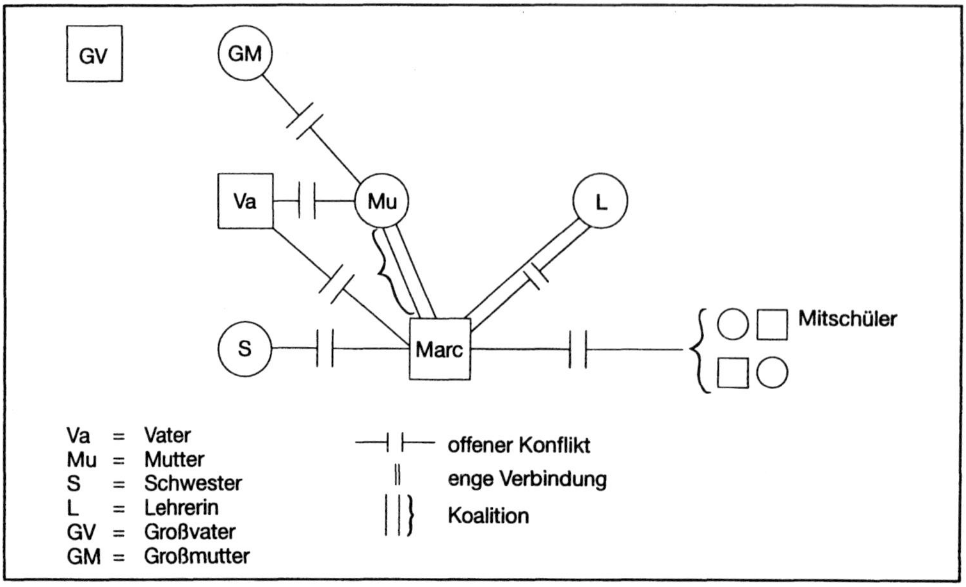

Abb. 17: System-Struktur-Zeichnung Fallbeispiel 1

zeigt, ist oft ein Abbild von Problemen und Symptomen der Familie. Das Kind weist mit seinem Symptom auf ein familiäres Problem hin. Symptome sind somit nicht zufällig, sondern haben Symbolcharakter (vgl. Hennig und Knödler, 1993, sowie Greitemeyer, 1991).

In unserem Beispiel ist ein verdeckter oder offener Konflikt zwischen Vater und Mutter bezüglich der Erziehung von Marc zu vermuten. Die enge Verbindung zu Marc wird daher auch für die Mutter wichtig, da er eventuell ihr einziger »Verbündeter« ist.

Aus den »Lücken« der System-Struktur-Zeichnung lassen sich dann weitere bedeutsame Fragen ableiten: So zum Beispiel die Frage nach der Beziehung der Lehrerin zur Mutter bzw. nach der Beziehung Lehrerin – Marc. Wo findet die Mutter Unterstützung in ihrer Aufgabe? Besteht eine Koalition von Vater und Großmutter der Mutter gegenüber?

In der Supervision werden der Lehrerin dann auch u.a. folgende Fragen gestellt:

- »Was denken Sie, welche Stellung die Mutter zu Hause hat?«
- »Was wissen Sie über das Umfeld, in dem die Familie jetzt wohnt?« »Hat Marc dort Freunde?«
- »Was denken Sie über die Mutter, wenn Sie sehen, daß sie ihren Sohn noch mit neun Jahren in die Schule begleitet?«
- »Was fühlen Sie, wenn Sie sehen, daß Marc von seinen Mitschülern gehänselt wird?« »Was tun Sie dann?«

Im Verlauf der Interviewfragen ergibt sich dann folgendes Bild: Trotz der Kooperation besteht ein verdeckter Konflikt zwischen Mutter und Lehrerin. (Thema: Wer ist die »bessere« Mutter?) Dadurch wird die Tendenz der Mutter verstärkt, sich noch mehr um Marc zu kümmern, um zu beweisen, daß sie die »bessere« Mutter ist. Die Lehrerin fühlt Mitleid mit Marc, versucht ihn in die Klasse zu integrieren, hilft ihm verstärkt, nimmt ihn auch mal in Schutz gegenüber den Mitschülern. Es kommt auch schon mal vor, daß sie vor der Klasse etwas verheimlicht, um Marc nicht bloßzustellen.

Die System-Struktur-Zeichnung wird dann folgendermaßen ergänzt:

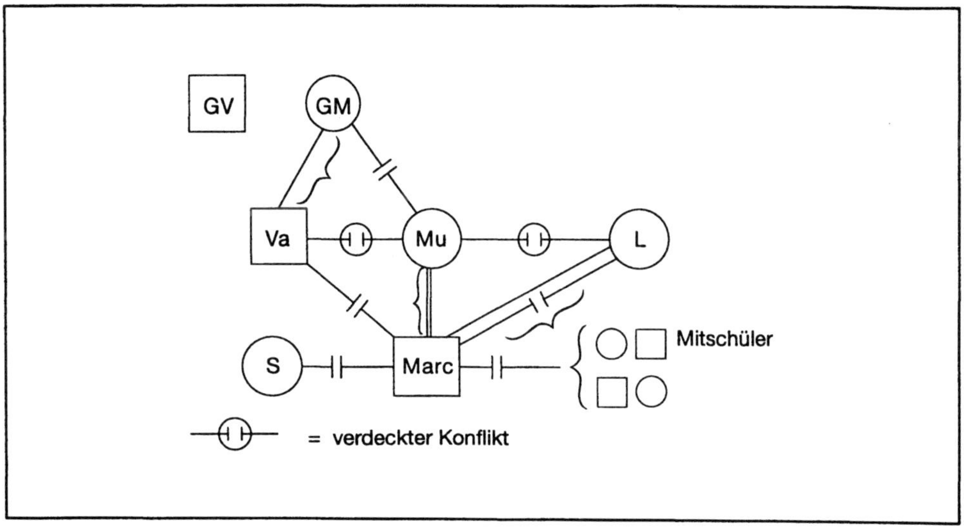

Abb. 18: Erweiterte System-Struktur-Zeichnung Fallbeispiel 1

Zwischen der Lehrerin und Marc besteht also auch eine enge Verbindung, ja fast eine Koalition gegenüber den Mitschülern. Die Unselbständigkeit von Marc bewirkt bei der Lehrerin das gleiche wie bei der Mutter. Sie hat Mitleid mit dem »armen Jungen« und nimmt ihn in Schutz. Damit trägt sie zur Aufrechterhaltung der Unselbständigkeit bei, da Marc nicht lernen kann, sich selbst zu schützen.

Dadurch wird auch der Konflikt Lehrerin – Kind verständlich. Der verdeckte Konflikt zwischen der Mutter und der Lehrerin wird über den Schüler umgeleitet, beide »werben« um die Gunst des Kindes, das Kind ist hin und her gerissen, entscheidet sich aber letztendlich für die Mutter, solidarisiert sich, zeigt durch seinen Widerstand der Lehrerin gegenüber, durch sein »nicht verständliches« Verhalten, daß die Mutter für ihn wichtiger ist. Dies führt so lange zu Verletzungen der Lehrerin, solange sie das Verhalten des Schülers nicht einordnen kann.

Aufgrund der System-Struktur-Zeichnung wird der Lehrerin schlagartig bewußt, daß sie sich ja im Grunde genommen gleich verhält wie die Mutter.

Eine derartige Musterübertragung finden wir oft vor (vgl. auch Kap. 3.1.10). Auch der unterschwellige Konflikt mit der Mutter, der Konkurrenzkampf wird ihr bewußt. Sie »sieht« plötzlich ihre Verwicklung in die Problematik, ihren Anteil an der Aufrechterhaltung des Problems.

Wie Schuppen fällt es ihr von den Augen: Sie entdeckt Eigenanteile, die in ihrer eigenen Geschichte begründet sind. Sie erklärt der Gruppe, daß ihr plötzlich ganz klargeworden ist, warum der Schüler ihre Muttergefühle weckt, sie will in der Gruppe aber nicht weiter darauf eingehen. Sie kann es jetzt aber einordnen und möchte dem gegensteuern. Wichtiger ist ihr in diesem Zusammenhang die Erkenntnis ihres eigenen Verhaltens innerhalb der Klasse und der Mutter gegenüber.

(Anmerkung: Es muß auf jeden Fall respektiert werden, wenn SupervisandInnen bestimmte Themen nicht in der Supervisionsgruppe ansprechen bzw. bearbeiten wollen. In unserem Beispiel ist die Lehrerin mit ihrer eigenen persönlichen Geschichte konfrontiert worden, und sie allein kann darüber entscheiden, wo, wann und ob überhaupt sie daran weiterarbeiten will.)

Dies gibt ihr und der Gruppe Möglichkeiten, Strategien zu entwickeln, wie sie durch »kontrollierten Rückzug« Marc dabei unterstützen kann, seine Konflikte mit den Mitschülern selbst auszutragen, wie sie selbst die Mutter besser verstehen und unterstützen kann, ohne mit ihr in Konkurrenz zu treten.

Das zweite Beispiel zeigt eine System-Struktur-Zeichnung, bei der das Lehrerkollegium im Mittelpunkt steht:

Eine Kollegin (A) berichtet von ihren Schwierigkeiten, die sie in ihrem Kollegium hat. Es handelt sich dabei um eine kleine Dorfschule, an der sie nun im dritten Jahr unterrichtet. Nach acht Jahren Stadtschule genießt sie auf der einen Seite »die ländliche Idylle«, mit den Kindern hat sie wenig Probleme, das Unterrichten selber macht ihr Spaß. Die Beziehung zu den Kolleginnen und Kollegen ist aber bis auf eine Ausnahme schlecht. Oberflächlich herrscht Harmonie im Kollegium, unterschwellig brodeln aber Konflikte und Intrigen, die sie noch nicht ganz durchschaut. Zwischen den Kolleginnen und Kollegen wird eine förmliche Distanz gehalten, die Kollegen und Kolleginnen siezen sich noch. Dies ist sie von ihrer früheren Schule überhaupt nicht gewohnt. Auch hinsichtlich Zusammenarbeit und Kooperation läuft so gut wie gar nichts. Gespräche im Lehrerzimmer sind banal, nichtssagend und oberflächlich. Sie fühlt sich überhaupt nicht akzeptiert und angenommen im Kollegium, empfindet sich als Außenseiterin und Störenfried. Ihre Vorschläge hinsichtlich besserer Zusammenarbeit, hinsichtlich differenzierten Unterrichts, Freiarbeit, Montessori-Pädagogik u.ä. werden ignoriert und stoßen auf Ablehnung.

Sie unterrichtet als Fachlehrerin für Deutsch und Sachkunde in einer 3. Klasse, mit der sie relativ gut auskommt, sie fürchtet aber längerfristig Konflikte mit Kollege E, dessen Sohn die Klasse besucht, und Auswirkungen daraus auf den Jungen sowie auf ihr Verhältnis zur Klasse.

Kollegin B ist Klassenlehrerin und unterrichtet Mathematik und Sport. Mit ihr klappt die Kooperation überhaupt nicht, gemeinsame Absprachen werde nicht eingehalten. Oft schiebt ihr Frau B Arbeiten zu, die eindeutig Sache der Klassenlehrerin sind. Frau B begründet es damit, daß sie mit der Klasse nicht so gut zurechtkommt und sie, Frau A, »ja so toll mit den Kleinen umgehen kann.« Sie ärgert sich jedesmal darüber, weiß sich aber nicht dagegen zu wehren, weil oberflächlich ja so ein harmonisches und freundschaftliches Image aufrechterhalten wird.

Die System-Struktur-Zeichnung ergibt dann das in Abbildung 19 (S. 81) dargestellte Bild.

Es besteht ein verdeckter Konflikt zwischen der Kollegin A und der Gruppe um Kollegin B. Die Kolleginnen B, C und D und Kollege E nehmen eine Sonderstellung ein, sie wohnen schon jahrelang im Dorf, sind in die Dorfgemeinschaft voll integriert. Der Sohn von Kollege E geht in die 3. Klasse. Kollegin D ist die Dienstälteste an der Schule. Kollegin F ist eher Außenseiterin, unterrichtet zusätzlich mit der Hälfte ihres Deputats an einer Schule im Nachbarort N. Sie ist dort integriert und fühlt sich wohl, so daß sie ihre Kontakte in diesem Kollegium (von Frau A) nur sehr distanziert aufrechterhält. Zwischen Kollegin A und Kollegin F hat sich allerdings eine Freundschaft entwickelt.

Die Kolleginnen I, K, H sowie Kollege G sind eher neutral und distanziert. Die Schulleiterin ist seit sechs Jahren in der Schule, von ihr geht das größte Harmonisierungsstreben aus, sie ist sehr konfliktscheu, versucht es jedem recht zu machen.

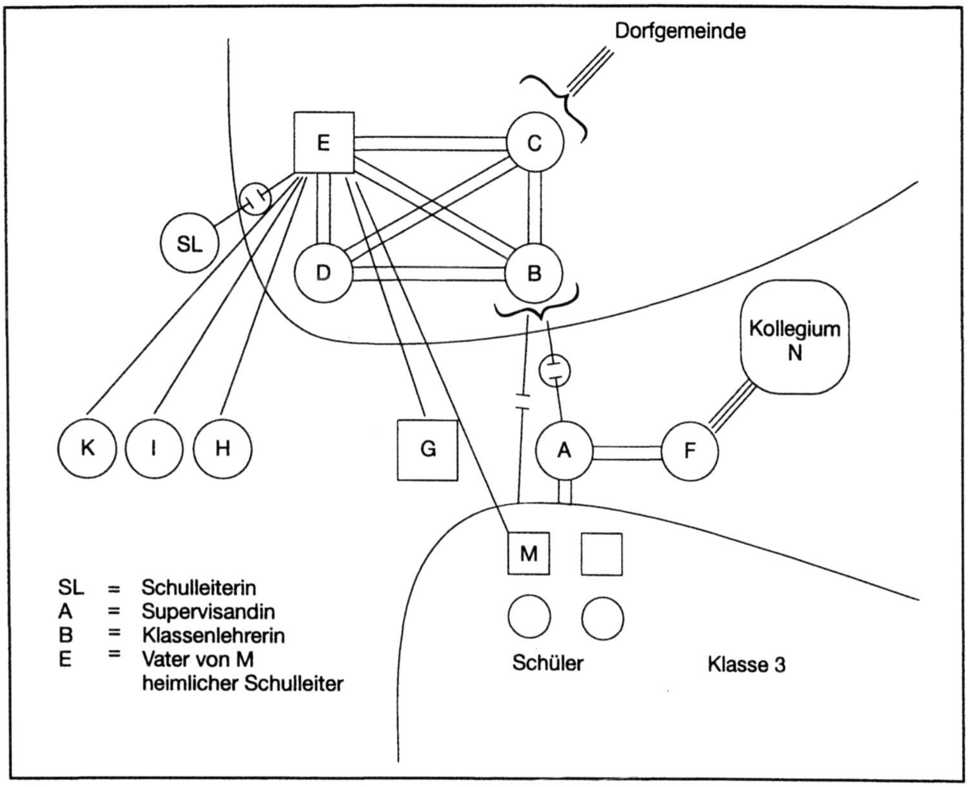

Abb. 19: System-Struktur-Zeichnung Fallbeispiel 2

Es wird deutlich, daß die Schulleiterin wenig Macht besitzt, der heimliche Schulleiter ist Kollege E. Seine Vorschläge, Anregungen usw. finden sofort Zustimmung bei den KollegInnen.

Die Strukturzeichnung macht deutlich, in welcher Randposition sich Kollegin A befindet. Die Beziehung zu Kollegin F verschärft diese Situation. Die verdeckte Regel »An unserer Schule gibt es keine Konflikte« verhindert das Ansprechen von Rivalitäten und Konkurrenz. Obwohl die Frauen in der Überzahl sind, gibt es eine weitere verdeckte Regel »Männer haben mehr zu sagen als Frauen.« Kollege E ist der heimliche Chef, über ihn läuft alles, ohne ihn läuft nichts.

Kollege G verhält sich eher neutral, versucht allenfalls etwas zu vermitteln und wirkt ausgleichend. Die Schulleiterin zeigt Führungsschwäche, sie unterwirft sich diesen heimlichen Regeln bzw. stärkt sie noch. Durch das Harmonisierungsstreben lähmt sich das Kollegium gegenseitig, neuere Ideen haben keine Chance. (Vgl. dazu auch das Soziogramm des Kollegiums, Abb. 23 auf S. 85.)

System-Struktur-Zeichnungen erlauben also zunächst einmal einen Überblick und Klarheit über bestehende Subsysteme, Personen und die Beziehungen untereinander und zu anderen Systemen (hier die Dorfgemeinschaft, das Kollegium der Schule in N, die Schulklasse).

Sie dienen der Analyse von auftretenden Problemen und geben Hinweise für Ansatzpunkte zur Veränderung.

Variations- und Kombinationsmöglichkeiten der System-Struktur-Zeichnung: Die Flexibilität bei der Erstellung einer System-Struktur-Zeichnung läßt sich erhöhen, wenn vorbereitete Magnetsymbole auf einer Eisentafel verwendet werden. Beziehungen lassen sich neu ordnen, Konstellationen neu formieren. Nähe und Distanz der einzelnen Personen können variabler gehandhabt werden.

Die System-Struktur-Zeichnung läßt sich auch ausgezeichnet mit einer Skulpturarbeit (s. dort) kombinieren. Dadurch werden Beziehungen nicht nur sicht-, sondern auch fühlbar.

3.2.2 Das Soziogramm

Mit der System-Struktur-Zeichnung haben wir eine Methode kennengelernt, mit der erfragte oder vermutete Beziehungen von Personen und Systemen untereinander dargestellt werden können.

Während bei der System-Struktur-Zeichnung *alle beteiligten Systeme* mit einbezogen und die Beziehungen zu Außensystemen untersucht werden, verstehen wir unter dem Soziogramm eine bildhafte Darstellung von erfaßten oder hypothetischen Beziehungen von allen Mitgliedern *innerhalb eines Systems* (z.B. einer Schulklasse, Gruppe, Familie, Kollegium usw.).

Die Qualität der verschiedenen Beziehungen (positiv, negativ, neutral) kann nun mittels soziometrischer Verfahren erfragt werden oder von einem Gruppenmitglied subjektiv eingeschätzt werden. So kann z.B. ein Lehrer die Daten von seinen Schülern durch Umfrage erheben, sie selbst einschätzen, oder ein/e SupervisandIn kann die Beziehungen in seinem/ihrem Kollegium einschätzen.

Die Soziometrie umfaßt eine Reihe von Verfahren, die zum Teil auf Moreno (1934) zurückgehen. Von jedem Gruppenmitglied eines gegebenen Personenkreises wird dabei die Vergabe von positiven oder negativen Wahlen verlangt (Bevorzugung, Ablehnung oder Neutralität). Es handelt sich dabei um gewünschte oder vorgestellte Beziehungen, je nach Fragestellung. Fragebeispiele: »Mit wem würden Sie gerne ... (zusammenarbeiten, spielen, wohnen, verreisen usw.)?«, »Mit wem möchten Sie auf keinen Fall ...?«, »Welche Mitschülerin, welchen Mitschüler wünschst Du Dir als SitznachbarIn?«, »Mit wem möchtest Du gerne in einer Gruppe sein?« usw.

Diese Wahlbeziehungen lassen sich dann bildlich darstellen (Abb. 20, S. 83): Die durchgezogenen Linien bedeuten positive, die gestrichelten Linien negative Wahlen. Der Pfeil weist daraufhin, wer wen wählt. Bei dicken Linien handelt es sich um gegenseitige Wahlen. Dies läßt sich natürlich genauso gut farbig darstellen (z.B. rot für Ablehnung, grün für Bevorzugung).

Petillon (1980) hat auf der Grundlage soziometrischer Wahlen in Klassen die SchülerInnen in sieben soziometrische Typen eingeteilt (s. Abb. 21, S. 83).

Die Rolle des Stars, Typ 7, im abgebildeten Soziogramm wird eindeutig von der Nummer 5 eingenommen. Er liegt mit sieben positiven Wahlen eindeutig an der Spitze. Demgegenüber ist Nummer 9 krasser Außenseiter, der Ausgestoßene. Er vereinigt sieben negative Wahlen auf sich, keine einzige positive Wahl. Nummer 8 ist in der Rolle des »Unbeachteten«, er paßt sich zwar dem Gruppenklima an, sucht die Verbindung zu Nummer 5 und lehnt Nummer 9 ab, wird aber von niemandem beachtet. Er wird ignoriert, er ist »Luft« für die anderen.

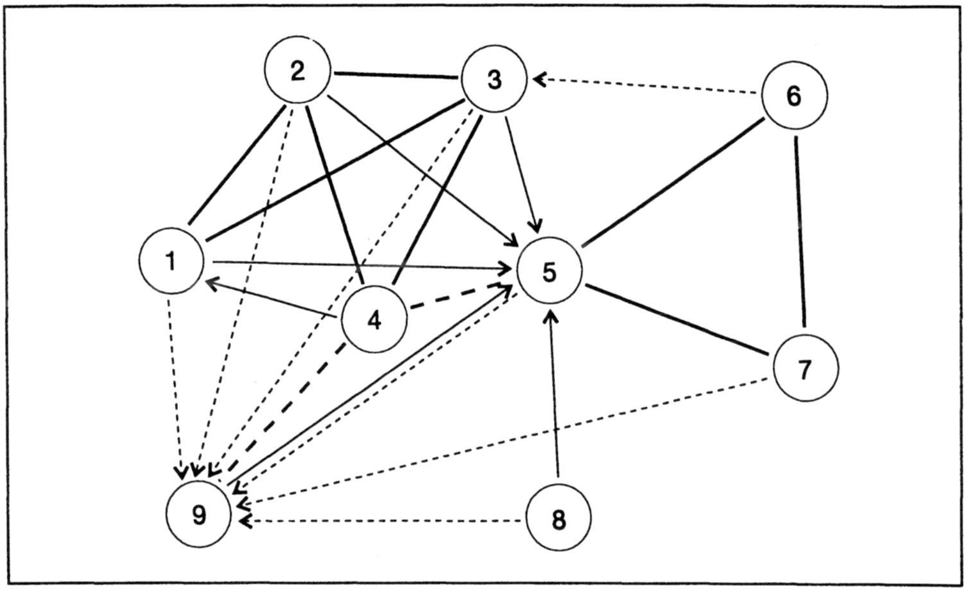

Abb. 20: Soziogramm

Wahlstatus	hoch	Typ 7 »Star«	Typ 6 »Beachteter«	
	mittel	Typ 5 »Anerkannter«	Typ 4 »Unauffälliger«	Typ 2 »Abgelehnter«
	niedrig	Typ 3 »Unbeachteter«		Typ 1 »Ausgestoßener«
Ablehnungsstatus:		niedrig	mittel	hoch

Abb. 21: Soziometrische Typen nach Petillon (1980), aus: Perrez 1986, S. 427

Deutlich wird auch in obigem Soziogramm die Herausbildung von zwei Cliquen. Nummer 1, 2, 3, 4 bilden eine Clique, die untereinander engen, positiven Kontakt hat, sowie die Schüler Nummer 5, 6 und 7. Nummer 5 ist auch in der Clique A anerkannt (bis auf Schüler 4). Er selbst möchte aber keinen Kontakt zu Clique A, ihm genügt seine Clique B. Die anderen Mitglieder der Clique B sind relativ isoliert, eine Art Anhängsel von 5. Zwischen Schüler 4 und 5 besteht ein Konflikt, eine Rivalität, die sich aber auf die persönliche Ebene beschränkt, nicht zu einer Rivalität der Untergruppen, der Cliquen geworden ist. Schüler 9 weiß wahrscheinlich um diese Rivalität der Cliquen, sucht den Kontakt zu Nummer 5 und lehnt gleichzeitig Nummer 4 ab, vielleicht um sich bei 5 anzubiedern (jedoch erfolglos).

Das Soziogramm bietet natürlich weitaus mehr Möglichkeiten zu Vermutungen, Spekulationen, Interpretationen. Die sollen aber hier nicht weiter ausgeführt werden.

Nun wird ein/e SupervisandIn, die seine/ihre Probleme mit einem Kollegium vorstellt, kaum in der Lage oder dazu bereit sein, ein soziometrisches Verfahren im Kollegium durchzuführen. Was jedoch möglich ist, ist eine subjektive Einschätzung der Beziehungen in der Gruppe durch den/die SupervisandIn (vgl. auch System-Struktur-Zeichnung). In einem ersten Schritt können dazu in einer Matrix die jeweils möglichen Paarbeziehungen innerhalb einer Gruppe, eines Kollegiums eingeschätzt werden (s. auch Arbeitsblatt 11).

So erhält zum Beispiel Kollegin A in der Supervision nach der Darstellung ihrer Schwierigkeiten mit dem Kollegium und der Erstellung einer System-Struktur-Zeichnung (vgl. S. 81) die Anregung, zusätzlich ein Soziogramm ihres Kollegiums aus ihrer Sicht zu erstellen. Die Matrix der vermuteten Beziehungen innerhalb dieses Kollegiums sieht folgendermaßen aus:

zu	Eingeschätzte Beziehung von											Summe Wahlstatus	
	A	B	C	D	E	F	G	H	I	K	SL	+	–
A	■	–	–	–	–	+		–			–	1	6
B	+	■	+	+	+				–			4	1
C		+	■	+	+							3	0
D	–	+	+	■	+						+	4	1
E	–	+	+	+	■		+	+	+	+	–	7	2
F	+					■						1	0
G	+	–				+	■		+		+	4	1
H								■				0	0
I									■			0	0
K										■	+	1	0
SL	+	–	–	–	–	+	+				■	3	4
Wahlverhalten +	4	3	3	3	3	3	2	1	2	1	3		
Wahlverhalten –	2	2	1	1	1	0	0	1	1	0	2		

Abb. 22: Matrix: Einschätzung von Beziehungen im Kollegium (Fallbeispiel 2)

Wohlgemerkt: Es handelt sich dabei nicht um die »Wirklichkeit« der Beziehungen im Kollegium, sondern um die subjektive Einschätzung von Kollegin A, so wie sie die Beziehungen erlebt bzw. aufgrund ihrer Beobachtungen vermutet.

Das erstellte Soziogramm sieht dann folgendermaßen (s. Abb. 23, S. 85) aus.

Vergleicht man das Soziogramm mit der System-Struktur-Zeichnung von S. 81, ergeben sich einige neue Informationen daraus. Deutlich wird zunächst das Subsystem der Kollegen B, C, D, E sowie die Außenseiterposition der Kollegin A und die »Starposition« von Kollege E. Überraschend für die Kollegin A ist nach der Zeichnung des Soziogramms die Außenseiterposition der Schulleiterin, die der ihren kaum nachstand. Durch die gemeinsame Ablehnung von Kollege A und die positive Beziehung zu Kollege G entsteht auch so etwas wie eine heimliche Koalition, die ihr nicht bewußt ist. Die empfundene Ablehnung der Schulleiterin ihr gegenüber interpretiert sie aufgrund des Soziogramms nun eher als Schutzmaßnahme. Eine offene Verbindung mit der Außenseiterin hätte die Position der Schulleiterin noch mehr geschwächt. Die Konflikte durften ja nicht angesprochen werden, waren unterschwellig, an der Oberfläche herrscht ja nur Harmonie.

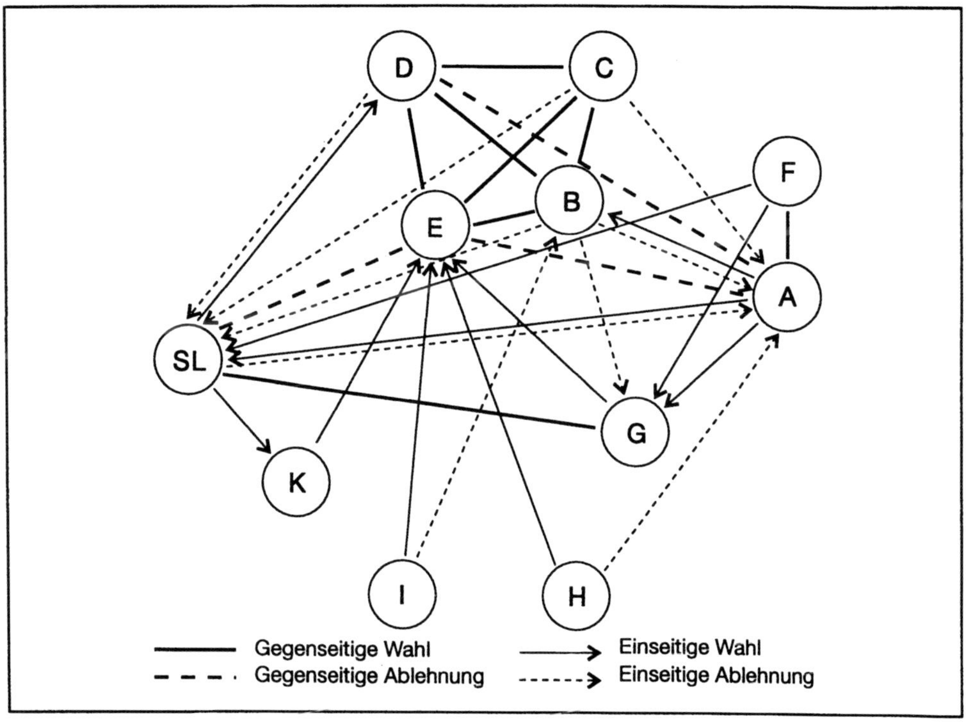

Abb. 23: Soziogramm des Kollegiums Fallbeispiel 2

Auch die Position von Kollege G erscheint plötzlich in einem anderen Licht. Er, der vorher eher neutral und distanziert erlebt wurde, tendiert in diesem Soziogramm zu einem heimlichen und potentiellen »Gegenpapst«.

Wir sehen das Soziogramm und die System-Struktur-Zeichnung nicht als Konkurrenzmethoden, sondern als Ergänzungen. Jede Methode hat ihre Vor- und Nachteile, je nach Fragestellung ist die eine oder die andere »nützlicher«, oder – wie im Fall der Kollegin A – es empfiehlt sich sogar, beide Methoden anzuwenden. Das Soziogramm erbringt eine differenziertere Betrachtungsweise der Beziehungen innerhalb des Kollegiums, gibt Kollegin A die Möglichkeit, die erlebte Qualität von Beziehungen innerhalb des Kollegiums neu zu überdenken und zu hinterfragen. Die System-Struktur-Zeichnung macht unabhängig von eventuellen positiven oder negativen Beziehungen die Orte von Konflikten sichtbar, macht vor allem die Beziehungen zu Außensystemen deutlich, die im Soziogramm nicht zum Tragen kommen. So z.B. die Möglichkeit von Kollegin F, im Kollegium des Nachbarortes N ihre Anerkennung zu finden. Im Konflikt zwischen Kollegin A und Kollegin D ist die Schulklasse ein bedeutendes Außensystem, im Konflikt zwischen Kollegin A und Kollege E der Sohn von Kollege E in der Klasse, für das Subsystem B, C, D, E, die Einbettung in die Dorfgemeinschaft und die daraus resultierende Sicherheit.

Die Erstellung eines Soziogrammes ist zwar aufwendiger, in mancher Hinsicht aber auch präziser und differenzierter. Im Falle des Einsatzes soziometrischer Verfahren werden zudem noch die tatsächlich erlebten Bevorzugungen und Ablehnungen innerhalb einer Gruppe von jedem Gruppenmitglied erfaßt (im Gegensatz zur Perspektive eines einzelnen Gruppenmitgliedes).

3.2.3 Münzsoziogramm

Die Personen von einem oder mehreren Systemen werden durch unterschiedliche Münzen symbolisiert. Die Anordnung der Münzen auf einem Tisch (oder Boden) stellt dabei die subjektiv erlebten Beziehungen und Wertigkeiten der verschiedenen Personen dar.

Beispiel: Münzsoziogramm der Familie R. (nach Weber 1989)

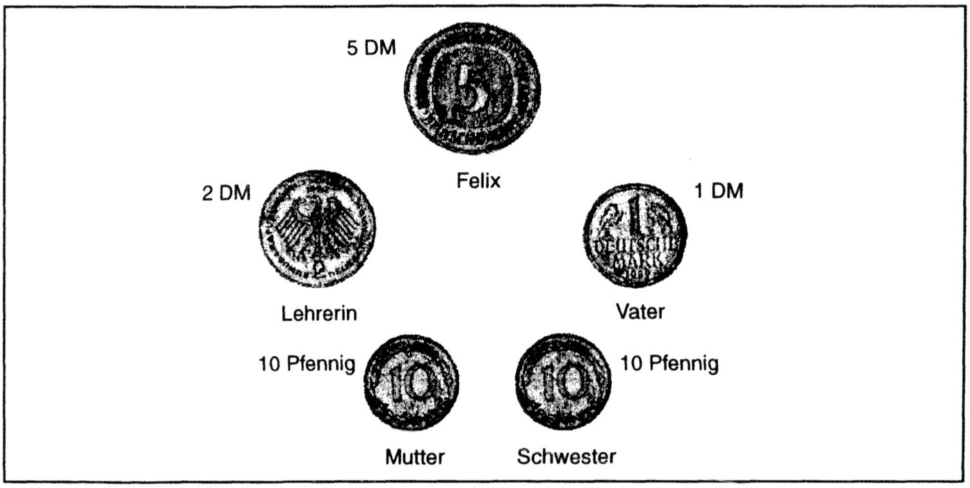

Abb. 24: Münzsoziogramm. Der momentane Ist-Zustand, eingeschätzt von Lehrerin M.

Der zehnjährige Felix wird als machtvoll erlebt, als der »Kronprinz«. Der Vater wird noch als etwas einflußreicher gesehen, während Mutter wie Schwester als sehr unterwürfig bzw. unwichtig empfunden werden. Als Lehrerin hat sie relativ großes Gewicht im System, mehr als die Eltern, was sie als belastend empfindet. Aber auch wenn ihr Einfluß auf Felix größer erscheint als der der Eltern, sagen läßt sich Felix selten etwas. Diesen Zustand hält sie natürlich für unhaltbar, ihr Wunsch-Münzsoziogramm müßte folgendermaßen aussehen:

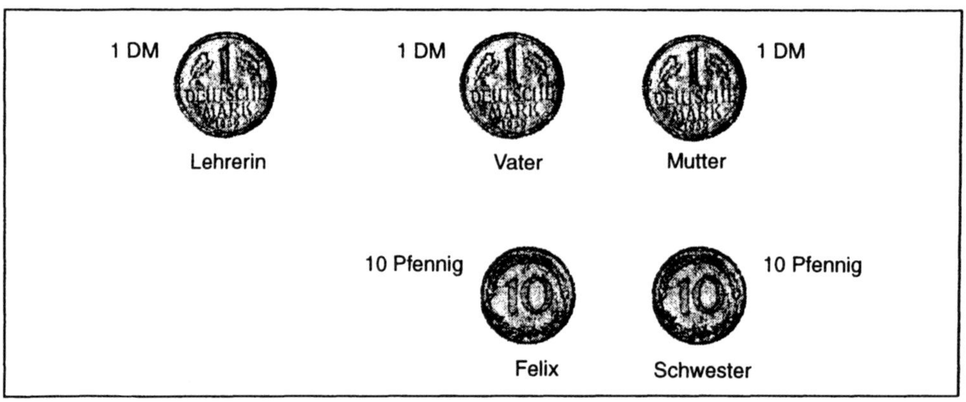

Abb. 25: Münzsoziogramm. Wunschsoziogramm der Lehrerin M.

Die Hierarchie wäre wiederhergestellt, die Familie als eigenes System besser erkennbar. Die Lehrerin wäre auf der gleichen hierarchischen Ebene wie die Eltern, aber in angemessenem Abstand. Bei Wahrung der jeweiligen Grenzen wäre die Kooperation wieder effektiver.

3.2.4 Das Rollenhutmodell

Die symbolischen Rollenhüte der amerikanischen Familientherapeutin Virginia Satir wurden von einem der Autoren zu einem systemischen Vier-Rollen-Hut-Modell weiterentwickelt und in der diagnostischen und therapeutischen Arbeit mit Familien eingesetzt. (Hennig 1990).

Für unsere Supervisionsarbeit wurde das Hutmodell nochmals erweitert und auf die Situation des/der LehrerIn übertragen.

Das Rollenhutmodell geht davon aus, daß jeder Mensch mehrere Funktionen ausfüllen muß, mehrere soziale Rollen innehat. Jede, jeder von uns trägt verschieden große unsichtbare Hüte, die den jeweiligen Rollen entsprechen.

Folgende Geschichte mag dabei verdeutlichen, mit welchen »Inhalten« diese Rollenhüte gefüllt sind.

Die Geschichte von Anne und Hans

Zunächst leben Anne und Hans noch jeder für sich, über all ihre Zeit und Energie können sie noch frei verfügen. Diese Zeit und Energie läßt sich als imaginärer Hut, als sogenannter Ich-Hut, darstellen.

Abb. 26 Individuelle Ebene

Eines Tages lernen sich Hans und Anne kennen und lieben, sie heiraten. Plötzlich besitzen sie einen zweiten Hut, den sogenannten Partner-Hut. Das Individuum tritt zurück, viel Zeit und Energie wird gemeinsam verbracht, der Ich-Hut schrumpft.

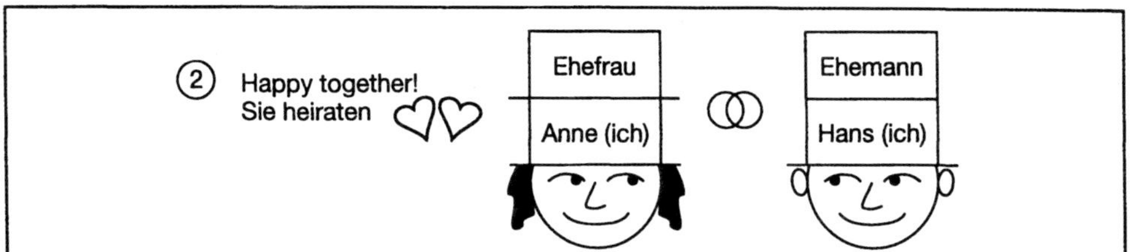

Abb. 27 Paarebene

Die Liebe trägt Früchte, eines Tages bekommen sie den Florian. »Die Familie geht los.« Anne und Hans bekommen einen weiteren Hut aufgesetzt, den Eltern-Hut (Vater- bzw. Mutter-Hut). Da die Gesamtenergie und die zur Verfügung stehende Zeit ja nicht plötzlich zunimmt, muß also umverteilt werden. Der kleine Florian benötigt viel Zeit und Energie der Mutter, plötzlich wird der Ehefrau-Hut wieder kleiner. Dies bemerkt Hans mit grimmigem Gesicht, seine Frau hat plötzlich nicht mehr so viel Zeit für ihn. Was tut er jetzt mit dieser frei werdenden Energie? Er hat die Möglichkeit, seinen Ich-Hut wieder zu stärken, mehr für sich zu tun oder seinen Vater-Hut zu füllen, dadurch Anne zu entlasten, die damit vielleicht wieder mehr Energien in den Ehefrau-Hut stecken kann. Deutlich wird, daß die Rollenhüte in einer Familie eng miteinander zusammenhängen, Verringerungen oder Vergrößerungen einen unmittelbaren Einfluß auf die übrigen Familienmitglieder haben.

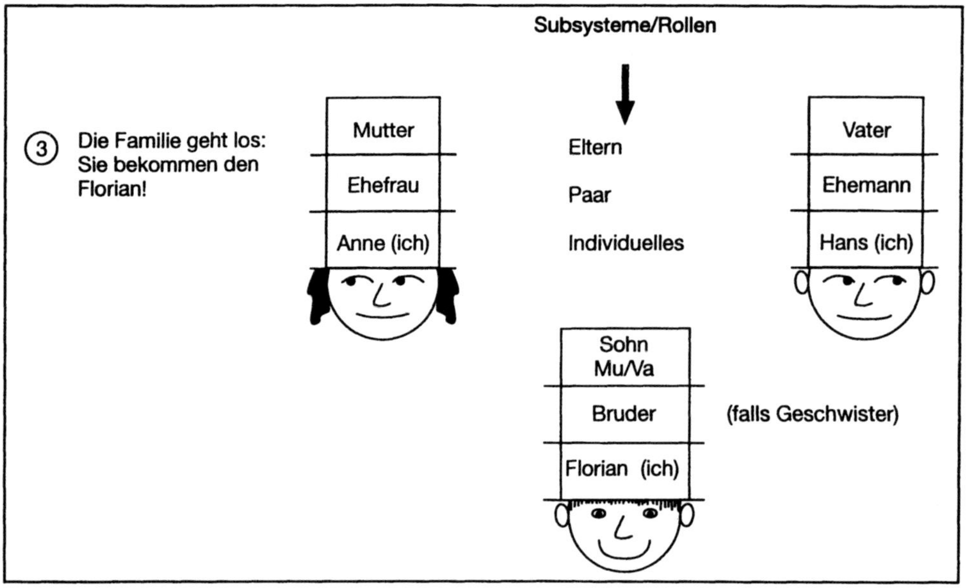

Abb. 28 Familienebene

Das Modell muß nun natürlich ergänzt werden durch zwei weitere sehr wesentliche Hüte: Den Berufs- und den Haushalts-Hut. Das ist all die Energie und Zeit, die für den Beruf und die Lebenserhaltung bzw. für die Organisation des täglichen Lebens aufgebracht werden muß. Für Florian ist dies zunächst der langsam wachsende Kindergarten- bzw. Schul-Hut.

Den fünften Hut, den Haushalts-Hut, haben wir in der berufsbegleitenden Supervision von LehrerInnen und ErzieherInnen vom Berufs-Hut getrennt. In diesen Hut kommt all die Energie und Zeit, die für die Instandhaltung des eigenen Haushaltes »verbraucht« wird. Wäsche waschen, bügeln, einkaufen, putzen, evtl. Gartenarbeiten usw.

Das Spiel kann beginnen:
In der Familie findet eine ständige Balance der Rollenhüte untereinander statt. Florian wird größer, verringert von sich aus den Sohn-Hut. Am Anfang will er mehr von der Mutter, später mehr vom Vater, irgendwann weniger von beiden. Was tut nun Anne mit der frei werdenden

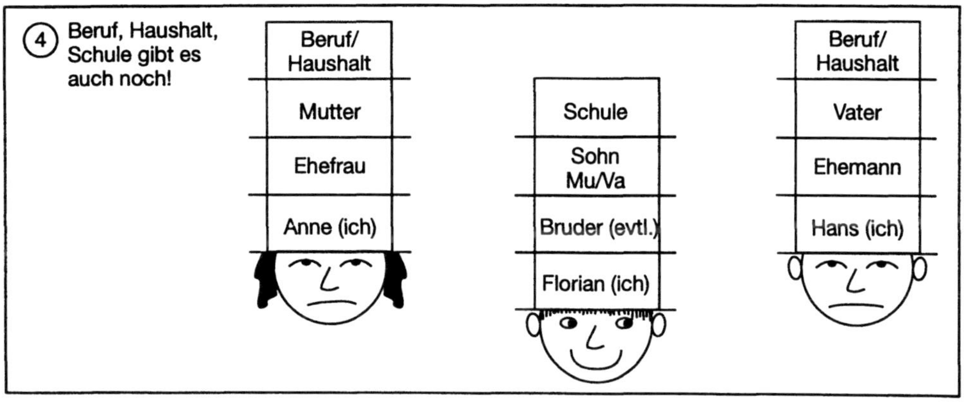

Abb. 29 Familienebene mit Berücksichtigung von Haushalt, Beruf und Schule

Energie, die durch die Verringerung des Mutter-Hutes entsteht? Macht sie wieder mehr für sich (Ich-Hut), profitiert die Paarebene wieder mehr davon, wieviel steckt sie in den Berufs-Hut? Oder wie reagieren die anderen Familienmitglieder, wenn Hans plötzlich eine neue Arbeit annimmt, sich dadurch beruflich weiterbilden muß und seinen Berufs-Hut zum Nachteil der anderen Hüte vergrößern muß?

Arbeit mit dem Rollenhutmodell in der Lehrersupervision

Bei der Selbsteinschätzung mit Hilfe des Arbeitsblattes 12 handelt es sich um eine qualitative Selbstbeschreibung. Die zur Verfügung stehende Gesamtenergie wird auf die verschiedenen Rollenaufgaben und Subsystemkontakte aufgeteilt bzw. es wird eine Rangreihe gebildet. In der Regel soll damit der momentane Ist-Zustand eingeschätzt werden, was einschließt, wie zufrieden bzw. unzufrieden der/die SupervisandIn mit den einzelnen Rollenhüten bezüglich Raum, Zeit und Energie/Kontakt ist.

Wir gehen davon aus, daß die Zufriedenheit um so größer ist, je mehr die verschiedenen Hüte aus der Sicht des/der Betroffenen in der Balance sind, bzw. die Unzufriedenheit mit dem subjektiv erlebten Ungleichgewicht steigt. Entscheidend für die Supervision wird dann die Frage sein, ob die Verteilung, so wie sie gerade gelebt und subjektiv wahrgenommen wird, bei dem/der SupervisandIn einen Leidens- bzw. Veränderungsdruck erzeugt oder nicht.

Die Arbeit mit dem Rollenhutmodell erleichtert es der/dem SupervisandIn, eine Entscheidung darüber zu treffen, ob eine Umverteilung stattfinden soll oder nicht, die Gruppe kann bei dem Entscheidungsprozeß behilflich sein, kann durch entsprechende Interviewfragen bei einer eventuellen Umverteilung unterstützend wirken.

Beispiele aus der Praxis:

Kollege F. kam zu folgender Selbsteinschätzung (Abb. 30, S. 90):

Kollege F. ist ein engagierter Lehrer, der seinen Beruf ernst nimmt, dafür viel Zeit investiert, zudem noch gewerkschaftlich engagiert ist. Er ist verheiratet, hat zwei Kinder, die schon aus dem Haus sind und studieren. Demzufolge ist der Vater-Hut nur noch wenig besetzt. Er pflegt seine Hobbies, schätzt die Energie und Zeit, die er dafür aufwendet, höher ein (30%) als die mit seiner Frau verbrachte Zeit (20%). Die Pflege des Eigenheimes und des

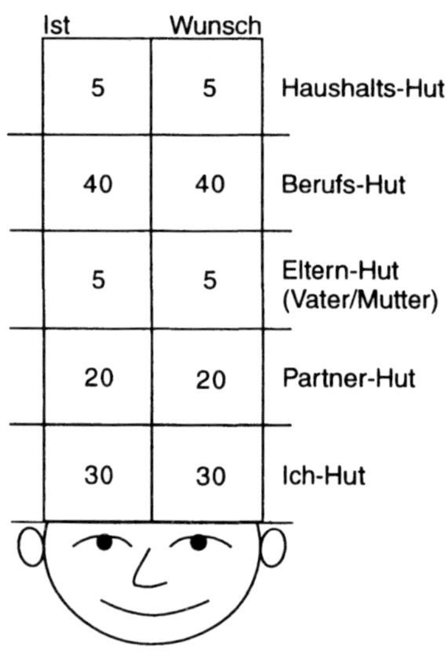

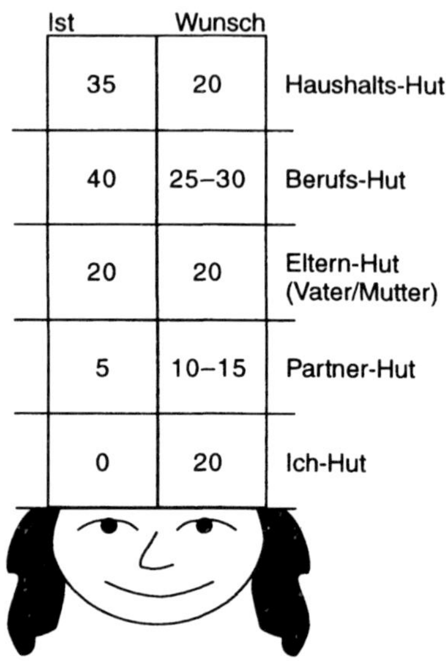

Abb. 30: Kollege F.

Abb. 31: Kollegin K.

Haushaltes überläßt er weitgehend seiner Frau. Er ist mit diesem Zustand momentan zufrieden, Änderungen innerhalb der Rollenhüte strebt er nicht an.

Ganz anders Kollegin K. (Abb. 31).

Zum Zeitpunkt der Supervision steht Frau K. unter starkem Streß. Sie fühlt sich den Anforderungen von Beruf und Familie kaum noch gewachsen, sie leidet unter vielen Merkmalen des sogenannten »Burnout-Syndroms«, psychosomatische Störungen machen sich bemerkbar (Magenbeschwerden, Kopfschmerzen).

Frau K. ist verheiratet und hat drei Kinder. Die älteste Tochter ist 17, es folgen noch zwei Jungen im Alter von 15 und neun Jahren. Als die Kinder klein waren, war sie zu Hause, hatte dann einige Jahre mit halbem Lehrauftrag gearbeitet. Die Möglichkeiten der Reduzierung waren erschöpft, seit dem letzten Schuljahr muß sie voll arbeiten, um ihren Beamtenstatus zu erhalten.

Sie ist zur Zeit Klassenlehrerin in einer 2. Klasse mit 30 Kindern. Es ist eine sehr schwierige Klasse mit einigen Problemkindern und -eltern. Zu Hause hat sie mit Haushalt und Kindererziehung viel Arbeit. Die zwei Ältesten sind auf dem Gymnasium und daher sehr ausgelastet, der Neunjährige ist in der 4. Klasse und braucht oft ihre Hilfe beim Lernen. Die Sauberhaltung des Einfamilienhauses mit großem Garten macht zusätzlich viel Arbeit. Von ihrem Mann erhält sie diesbezüglich wenig Unterstützung, weil er beruflich sehr eingespannt und viel unterwegs ist, auch weil es nicht dem Rollenbild der Familie entspräche. Erschwerend ist hinzugekommen, daß ihre 71jährige Mutter vor vier Monaten erkrankte und sie dort immer wieder »nach dem Rechten« schauen muß. Für die Paarebene bleibt somit nur sehr wenig, für den Ich-Hut gar nichts mehr übrig. Sie kommt momentan immer öfters unvorbereitet in den Unterricht, plagt sich mit Schuldgefühlen, der Schulklasse und ihren eigenen Kindern nicht mehr gerecht zu werden, sieht momentan keinen Ausweg und ist am Ende ihrer Kraft. Eine Haushaltshilfe ist momentan nicht finanzierbar, da man das Haus noch »abbezahlen« muß. Als Wunsch gibt sie an, etwa zwanzig Punkte in den Ich-Hut und zehn bis fünfzehn Punkte in den Partner-Hut zu investieren, sie weiß aber nicht, wo sie diese hernehmen soll.

Anhand dieser Verteilung werden zwei Schwerpunkte für die weitere Supervisionsarbeit gebildet:

1. Welche Möglichkeiten der Umverteilung kann Frau K. in Angriff nehmen? (Einbeziehung des Ehemannes und der Kinder in die Haushaltsarbeit.)
2. Psychohygiene und Abbau der Schuldgefühle. Relativierung des Anspruchs an sich als perfekte Lehrerin, perfekte Hausfrau und perfekte Mutter.

Anhand des Unterschiedes zwischen dem Ist- und dem Soll-(Wunsch-)zustand in der Verteilung der Rollenhüte ist ein weiterer Ansatzpunkt zur Reflexion und Veränderung gegeben.

- Welche Ebene kommt zu kurz?
  Auf welcher Ebene müßte zuerst etwas geschehen und verändert werden, um Wohlbefinden herzustellen und vor Ausgebranntwerden zu schützen?
- Bei welchem Hut könnte am ehesten reduziert werden?
  Wer würde dann wie reagieren?
- Was würde passieren, wenn in welchem Rollenhut wieviel reduziert/erhöht wird?

Aufgrund der begrenzten Verfügbarkeit von Energie und Zeit wird hier auch deutlich, daß in der Supervision mit Hilfe des Rollenhutmodells die privaten und persönlichen Bereiche immer tangiert werden. Es ist also eine Methode, die große Vertrautheit und Vertrauen in der Supervisionsgruppe voraussetzt.

Variationsmöglichkeiten:

Anstelle der Verteilung von 100 Punkten auf die fünf Hüte läßt sich auch eine Rangreihe erstellen: Welches ist der größte Hut? Welcher kommt als zweiter? Welcher als dritter? Usw.

Für Kollegin K aus unserem vorigen Beispiel würde die Selbsteinschätzung dann folgendermaßen aussehen (Abb. 32, S. 92).

Abbildung 33, S. 92, zeigt eine weitere Möglichkeit, wiederum auf unser Beispiel von Kollegin K übertragen. In diesem Fall werden die verschiedenen Hüte in unterschiedlicher Größe gezeichnet.

Eine andere Möglichkeit besteht darin, eine Fremdeinschätzung von seinem Partner oder seiner Familie vornehmen zu lassen bzw. eine Einschätzung des Ehepartners/der Ehepartnerin bzw. der Familie vorzunehmen.

Ein Vergleich der unterschiedlichen Einschätzungen innerhalb einer Familie kann sehr interessant und anregend sein und einige Dynamik im negativen wie im positiven Sinn in die Familie bringen.

Vorteile des dynamischen Rollenhutmodells:

Es ist anschaulich, visuell, rechtshemisphärisch und für alle Beteiligten nachvollziehbar und bringt damit etwas Klarheit in das diffuse und komplizierte Gefüge von Beziehungen, Anforderungen, Kontakten. Es erleichtert z.B. die diagnostische Betrachtung von beruflichen und familiären Belastungen.

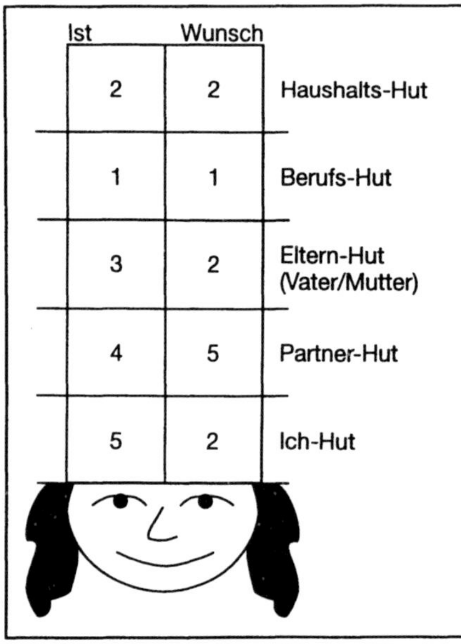

Abb. 32: Kollegin K. Rangreihe

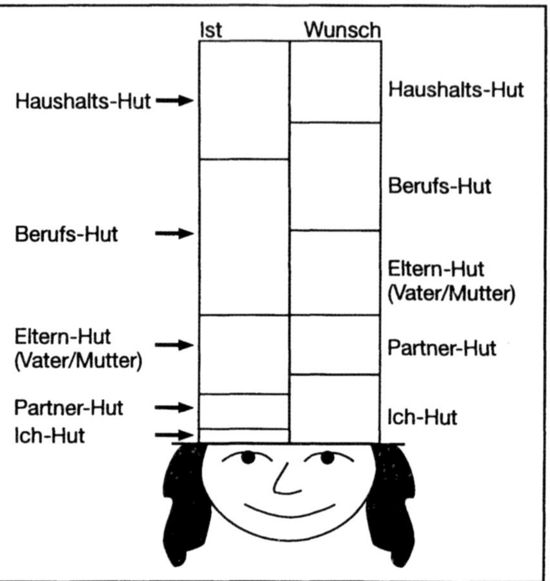

Abb. 33: Kollegin K. Hutgröße

Da die Logik der Beschreibung stets die Logik des Beschreibenden ist, stellt das Modell eine Selbstbeschreibung der eigenen Wirklichkeitskonstruktion dar, was u.a. folgende Vorteile hat:

a) Der/die SupervisandIn kann sich von dieser Selbstbeschreibung nicht distanzieren, was bei einer Fremdbeschreibung durch die Gruppenmitglieder eher der Fall sein könnte.
b) Widersprüche zwischen Wunsch- und Realbild können angesprochen werden.
c) Veränderungsprozesse im Verlauf der Supervision, bezogen auf Raum, Zeit, Kontakt, Energie der verschiedenen Ebenen (Hüte), können veranschaulicht und von dem/der SupervisandIn selbst beschrieben werden.
d) Der/die SupervisandIn erkennt leichter, wie er/sie sozusagen unsichtbar mit anderen Familienmitgliedern verknüpft ist, wie eng Familienleben und Beruf miteinander zusammenhängen.
e) Der/die SupervisandIn erkennt leichter die zur Verfügung stehende, oft begrenzte Energie, mit der er/sie haushalten muß (vgl. auch Energiekuchen).
f) Bei der Strategieplanung können die davon betroffenen Familienmitglieder des/der SupervisandIn hypothetisch mit einbezogen werden. (»Wenn Sie jetzt versuchen würden, daheim mehr Musik zu hören, um sich von den schulischen Belastungen zu erholen, wie würde dann Ihr Sohn reagieren, der nach Ihrer Meinung ja auch zu kurz kommt?«)

3.2.5 Der Energiekuchen

Eine weitere Methode des sinnvollen Umgangs mit eigenen Energie- und Kraftreserven und somit des sorgsamen Umgangs mit der eigenen Persönlichkeit, ist die Arbeit mit dem Energiekuchen (vgl. Arbeitsblatt 13, S. 130, im Anhang). Der erste Kuchen (Kreis) stellt die Gesamtenergie dar, die zur Zeit *verbraucht wird.* Durch das Einzeichnen verschieden großer »Kuchenstücke« läßt sich graphisch darstellen, welcher Teil der Gesamtenergie, die man zur Verfügung hat, für welchen Bereich, für welches Problem verbraucht wird (z.B. für das in der Supervision vorgestellte Problem, für familiäre Belastungen, den Hausbau, den Ärger mit dem Schulleiter usw.).

Der zweite Kreis stellt die Gesamtenergie dar, die man zur Zeit *»auftanken«* kann. Auch hier läßt sich wieder durch Kreisausschnitte darstellen, aus welchen Bereichen zur Zeit Kraft geschöpft werden kann (durch gemeinsame Aktivitäten mit dem Lebenspartner, der Lebenspartnerin, Spiel mit den eigenen Kindern, durch Musikhören, durch das eigene Hobby, durch die Freude am Beruf usw.). Der zweite Kreis gibt also Klarheit über die zur Verfügung stehenden Tankstellen. Diese Energiekuchen stellen eine Grundlage dar zur Reflexion mit sich selbst bzw. mit der Gruppe.

- »Welches ›Kuchenstück‹ läßt sich am leichtesten, welches am schwersten verkleinern?«
- »Wenn das Problem nicht da wäre, das momentan X% der Gesamtenergie verbraucht, was würden Sie dann mit der Energie tun?«
- »Welche ›Tankstelle‹ wird zur Zeit zuwenig genutzt, welche ›Tankstellen‹ gäbe es sonst noch?«
- »Ist der erste Kreis größer oder kleiner als der zweite Kreis?«
  (D.h., wird zur Zeit mehr Energie verbraucht, als erhalten wird?)
- »Wie sieht die Verteilung in naher sowie in ferner Zukunft wohl aus?«
- »Welche Energiereserven sind momentan noch da?«
- »Wie lange werden die Energiereserven wohl reichen?«

In der Arbeit mit dem Energiekuchen geht es also um den ökonomischen Umgang mit der eigenen Energie, *um eine Balance von Geben und Nehmen* innerhalb eines Schuljahres, unter Berücksichtigung aller Bereiche (Beruf, Familie, Individuum) sowie Möglichkeiten der Umschichtung, des bewußten Umgang mit den eigenen Energien.

Die eigene Person ist das höchste Gut und das wichtigste Kapital des/der LehrerIn. Es ist daher sehr wichtig, sorgfältig und rücksichtsvoll damit umzugehen und sich vor dem »Ausgebranntwerden« zu schützen. Wer immer nur gibt und nichts nimmt, ist eines Tages leer und kann auch nichts mehr geben.

Wenn mit Hilfe des Energiekuchens die verschiedenen Bereiche optisch deutlich werden, wie momentan die Energie fließt, kann eher eine bewußte Entscheidung darüber gefällt werden, welche Bereiche wieviel Energie in Zukunft investieren müssen. Die Vergeudung wertvoller Energie in weniger nützlichen Unternehmungen kann vermieden werden, und in einem weiteren Schritt kann nach Möglichkeiten gesucht werden, eine sinnvolle Umverteilung vorzunehmen.

Denken Sie daran, auch Lehrerinnen und Lehrer werden älter, Energiereserven stehen nicht mehr in vollem Umfang zur Verfügung (der erste Kreis wird kleiner), und Regenerationsphasen werden länger. Mitunter ist es auch nützlich, einen »Reservetank« mit Energie in den Ruhestand zu retten.

3.3 Supervisionsmethoden auf der kinästhetischen Ebene

Im folgenden handelt es sich um Supervisionsmethoden, die das Körpererleben, die Körperwahrnehmung sowie die Handlungsebene der SupervisandInnen schwerpunktmäßig ansprechen.

Im Unterschied zu den eher zweidimensionalen visuellen Supervisionsmethoden im vorigen Abschnitt kommt in den folgenden Methoden der Einbezug der dritten Dimension, nämlich des Raums sowie der gesamten Person des/der SupervisandIn, hinzu.

Selbstverständlich werden dabei *auch* visuelle und akustisch-verbale Sinneskanäle angesprochen. Kinästhetische Supervisionsmethoden lösen unserer Beobachtung nach bei den SupervisandInnen durch den Einbezug der Körperebene *ganzheitliche* Erkenntnisprozesse aus, die sozusagen parallel und blitzartig auf der Wahrnehmungs-, Bedeutungsgebungs-, Gefühls- und Verhaltensebene ablaufen.

Dadurch bedingt ist auch die emotionale Betroffenheit der SupervisandInnen wesentlich stärker ausgeprägt als beim Einsatz von eher visuellen und akustisch-verbalen Methoden, die den Supervisionsanlaß eher aus der Distanz betrachtbar machen.

Wir haben es noch nie erlebt, daß beispielsweise die Skulpturarbeit (s.u.) keinen zusätzlichen Erkenntnisgewinn gebracht hätte. Stets ergaben sich für die SupervisandInnen auf einer ganzheitlich-intuitiven Ebene neue, zum Teil ganz erstaunliche Erkenntnisse und Perspektiven.

3.3.1 Skulpturarbeit (vgl. Arbeitsblatt 14 im Anhang S. 131)

Bei der Skulptur handelt es sich um eine Symbolhandlung, in der der/die SupervisandIn wie ein/e BilderhauerIn (Skulpteur) einige Supervisionsgruppenmitglieder stellvertretend für die realen InteraktionspartnerInnen (wie in einer Art lebendigem Soziogramm) im Raum verteilt und sich anschließend selbst eine passende (symbolisch zutreffende) Position auswählt. Es handelt sich hier um eine Supervisionsmethode, die ursprünglich aus dem Psychodrama stammt.

Der/die SupervisandIn gibt jedem/jeder SkulpturpartnerIn eine symbolisch charakteristische Mimik und Körperhaltung, weist ihn/sie an, eine liegende, sitzende oder stehende/gehende Position einzunehmen und bestimmt die Abstände der SkulpturpartnerInnen untereinander.

In einer Standskulptur müssen die SkulpturspielerInnen in einer bestimmten Körperhaltung bis zur Auswertung verharren, in einer Bewegungsskulptur ganz bestimmte, sich wiederholende Bewegungen ausführen. Außerdem kann der/die SupervisandIn jedem/jeder SkulpturspielerIn einen bestimmten charakteristischen Satz (z.B. »Es ist mir einfach alles zuviel«) in den Mund legen, den dieser dann permanent wiederholt.

Auch können Möbelstücke des Raums in die Skulpturarbeit mit einbezogen werden, indem zum Beispiel ein/e SkulpturspielerIn angewiesen wird, sich auf einen Stuhl zu stellen und eine »Statuenposition« einzunehmen. Ebenso können bei Bedarf leere Stühle (auf die ein Zettel mit dem entsprechenden Namen bzw. der entsprechenden Rolle gelegt wird) zusätzlich die an der Konfliktsituation beteiligten Personen symbolisieren.

Wir illustrieren nun die einzelnen Schritte der Skulpturarbeit im folgenden anhand eines Fallbeispiels:

a) Vorbereitungsphase:

Zunächst schildert die Supervisandin (es handelt sich um dieselbe wie im Planspiel Michael Hacker) kurz die Konfliktsituation, die sie näher betrachten möchte: Sie fühlt sich hin und her gerissen zwischen den Erwartungen der Mutter Michaels, die dahingehen, für ihn Partei gegen Herrn Ballreich zu ergreifen, und den Erwartungen des Kollegen Ballreich, der es als unkollegial ansehen könnte, wenn sie nicht zu ihm gegen Frau Hacker hält.
Erschwerend für die Supervisandin kommt noch hinzu, daß der Schulleiter und die übrigen Kollegen und Kolleginnen sie in dieser Konfliktsituation alleine lassen, sich nicht die Finger verbrennen wollen. Außerdem hat sie tatsächlich einen ganz guten Draht zu Michael, d.h., in ihren Fächern Deutsch und Englisch arbeitet er motiviert mit und stört wesentlich weniger den Unterricht als bei den übrigen Kollegen und Kolleginnen. Da die Supervisandin gleichzeitig aufgrund ihrer Beliebtheit die Aufgabe der Verbindungslehrerin (d.h., sie ist Ansprechpartnerin für die Schülerinteressen im Kollegium) übernommen hat, gibt es immer wieder von einigen Kollegen und Kolleginnen versteckte Anspielungen, die in Richtung »Anbiederung« an und »Kumpelhaftigkeit« mit den Schülern gehen.
Nach dieser kurzen Situationsschilderung sucht sich die Supervisandin unter den Supervisionsgruppenmitgliedern folgende Skulpturdarsteller aus: Michael H., seine Mutter, Herrn Ballreich, den Schulleiter Herrn Schlichte sowie zwei Darsteller als Stellvertreter für die übrigen Kollegen und Kolleginnen, die Michael unterrichten.

b) Durchführungsphase:

Daraufhin verteilt sie die Skulpturdarsteller, wie in der folgenden Skizze dargestellt (s. Abb. 34), im Raum, wobei sie sich zuletzt ihren Platz in der Skulptur sucht:
Sie beginnt mit Michael, den sie mit einer geballten Faust und mit einer bettelnden Hand in einem halben Meter Abstand neben seine Mutter stellt, die eine Hand anklagend gegen Herrn Ballreich erhebt, die andere schützend um Michaels Schulter gelegt hat. Dann postiert sie den Kollegen Ballreich mit abwehrend verschränkten Armen in ca. 3 m Abstand gegenüber von Frau H. und Michael. Links neben Herrn B. legt sie die Kollegen K 1 und K 2 auf den Boden, den Kopf leicht erhoben, auf die Hände gestützt und auf Herrn B., Frau H. und Michael blickend.
Schließlich stellt sie den Schulleiter Schlichte auf einen Stuhl neben die Tür mit hilflos in die Höhe erhobenen Händen, mit Blickrichtung weg vom Geschehen in Richtung Tür.
Zuletzt plaziert sich die Supervisandin selbst zwischen Herrn B. und Frau H. mit Blickrichtung auf Michael, wobei sie eine Hand waagrecht zu Herrn B., die andere ebenso zu Frau H. ausstreckt (»wie ein Verkehrspolizist«).
Wichtig ist es, daß während der Skulpturaufbauphase die Skulpturdarsteller schweigen und die zugewiesenen Positionen und Körperhaltungen bis zur Auswertung nicht verändern.

c) Auswertungsphase:

Die beobachtenden Gruppenmitglieder (bzw. der Moderator) achten auf folgende Gesichtspunkte:

– *Reihenfolge:* Mit welchem Skulpturmitglied hat die Supervisandin ihre Skulpturdarstellung begonnen, wer kam als nächstes usw. In unserem Beispiel hat die Supervisan-

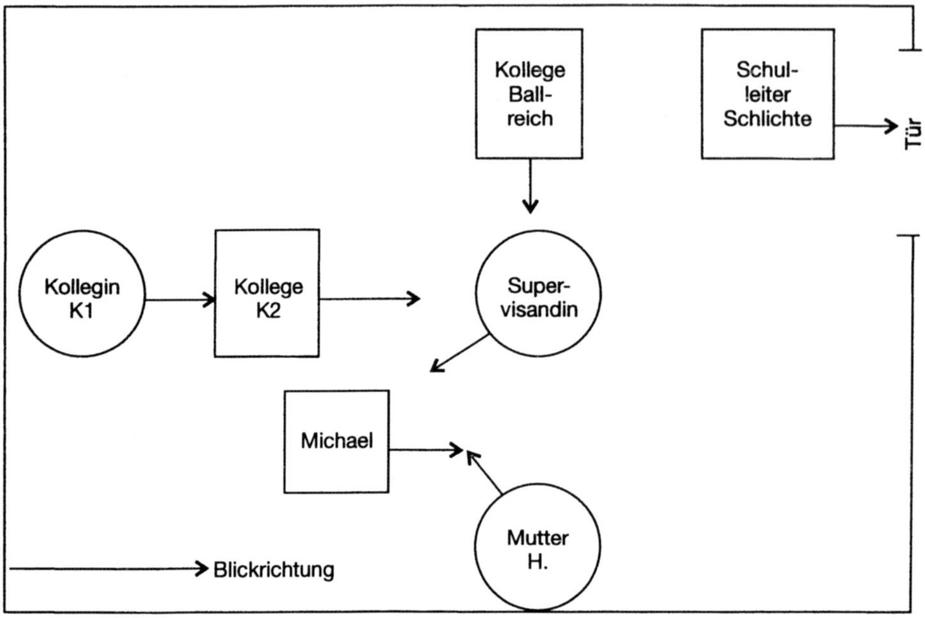

Abb. 34: Skulptur aus Planspiel »Michael Hacker«

din typischerweise mit den Zentralfiguren begonnen, also zunächst mit Michael, dann mit seiner Mutter, anschließend mit dem Kollegen Ballreich usw.

- *Abstand:* Welchen Abstand haben die Skulpturspieler untereinander, welchen zur Supervisandin? Der Abstand sagt etwas über die Nähe oder die Distanz zu bestimmten Skulpturspielern aus, aber auch über das Ausmaß der Betroffenheit bzw. die Verwicklung mit ihnen. In unserem vorgestellten Fall fühlte sich die Supervisandin besonders von den unterschiedlichen Erwartungen des Kollegen B. und Michaels Mutter »in die Zange genommen«, sie »rücken ihr auf die Pelle«, weshalb sie sie auch in geringem Abstand zu sich selbst plaziert hat. Dagegen postiert sie die Kollegen K 1 und K 2 eher im Randbereich der Skulptur, und in ganz weiter Entfernung vom Geschehen den Schulleiter.
  Auch die übrigen Skulpturdarsteller werden der Reihe nach befragt, wie es ihnen mit dem Abstand zu jedem einzelnen der anderen Darsteller geht. Oft kommen dann Antworten wie: Der oder die ist mir zu nah oder zu weit weg.

- *Blickrichtung:* Die Blickrichtung der Skulpturdarsteller gibt Auskunft über ihren Aufmerksamkeitsfokus, d.h., welchen Teil der Skulptur er/sie deutlich, welchen nur am Rande, welchen überhaupt nicht im Blickfeld hat. Außerdem gibt sie Informationen über die Kontaktrichtung, d.h., mit welchen anderen Skulpturdarstellern habe ich direkten Blickkontakt, mit welchen nicht?

In unserem Fallbeispiel blickte die Supervisandin direkt auf ihren Schüler Michael, am Rande ihres Blickfeldes waren Kollege B. und Michaels Mutter, die Kollegen bzw. die Kolleginnen K 1 und K 2 nahm sie kaum und den Schulleiter Schlichte gar nicht wahr.

Wollte sie mit Herrn B. bzw. Michaels Mutter Kontakt aufnehmen, mußte sie jeweils ihren Kopf nach links oder nach rechts drehen. Dadurch wurde bezeichnenderweise symbolisch ihre Position »zwischen den Fronten« deutlich.
Michaels Mutter, die auf die Supervisandin und Michael blickte, konnte mit Herrn B. nur »über« die Supervisandin in Kontakt treten, was ebenfalls treffend die Vermittlungsposition charakterisierte, in die sich die Supervisandin durch die Mutter gedrängt fühlte.
Herr B. hinwiederum nahm die Supervisandin, Michael und seine Mutter als »Dreiergruppe« wahr, die »irgendwie« unter einer Decke steckte.
Der Schulleiter überblickte die gesamte Szene »von einer höheren Warte« aus in einer großen Distanz, wenn er seine Blickrichtung von der Tür auf die Skulptur lenkte.

- *Körperhaltung:* Die Erfahrung zeigt, daß die von den Skulpturdarstellern eingenommene Körperhaltung ganz bestimmte Gefühle wie Ohnmacht, Macht, Desinteresse, Ärger usw. auslösen kann. Da Gefühle mit entsprechenden Körperhaltungen gekoppelt sind, findet sozusagen eine Übertragung von der Kinästhetik auf die Gefühlsebene statt. Verstärkt werden diese Gefühle aber auch noch durch die jeweilige Blickrichtung und die Abstände zu den anderen Skulpturdarstellern.
  In unserem Fall wurde Michael zwischen Wut (auf Herrn B.) und Hilflosigkeit (durch die Uneinigkeit der Erwachsenen bedingt) hin und her gerissen. Die Mutter fühlte sich wie eine Löwin, die ihren Michael gegen Herrn B. und einige andere Lehrer verteidigen mußte.
  Herr B. empfand einen deutlichen Ärger auf Michael und die ihn unterstützende Mutter sowie Enttäuschung über die Supervisandin, die sich nicht deutlich auf seine Seite stellte.
  Die Kollegen K 1 und K 2 empfanden Erleichterung, daß sie aus dem Schußfeld waren, vermischt mit ein klein wenig Häme über das Engagement (in ihren Augen Überengagement) der Supervisandin.
  Der Schulleiter empfand eine Mischung aus Einsamkeit (auf dem Podest hoch oben) und Hilflosigkeit.
  Die Beobachter bzw. der Moderator fragen also reihum die Skulpturdarsteller: »Wie geht es dir mit deiner Körperhaltung? Wie geht es dir mit dem Abstand zu X, Y, Z? Wie geht es dir mit der Blickrichtung auf X, Y, Z? Damit, daß du A, B oder C nicht anschauen kannst? Usw.«

Weitere wichtige Auswertungsfragen zielen auf die *Mitteilungs- und Handlungsimpulse* der Skulpturdarsteller:

- Wenn ich sprechen dürfte, was hätte ich wem gesagt?
- Was hätte ich am liebsten wem (oder mit wem) getan?
  So wollte unsere Supervisandin zum Beispiel am liebsten aus der Position des »kaukasischen Kreidekreises« zwischen Herrn B. und Michaels Mutter heraustreten und dafür den Schulleiter an ihre Stelle treten lassen.

Zum Abschluß der Auswertung können die einzelnen Skulpturdarsteller ihre *Ist-Skulptur* stellen, in der sie ihre Sichtweise der Problemsituation metaphorisch zum Ausdruck bringen.

Der/die SupervisandIn kann dann Überlegungen anstellen, welche Schlüsse er/sie aus einer möglichen Diskrepanz zwischen seiner/ihrer Skulptur und derjenigen einiger anderer Skulpturdarsteller ziehen kann: Gibt es sogenannte »blinde Flecken«, d.h. Merkmale der Situation, die er/sie übersehen hat?

Gibt es starke Verzerrungen in seiner/ihrer Sichtweise des Problems usw.?
Die letzten beiden Auswertungsschritte bestehen darin, daß der/die SupervisandIn seine/ihre *Wunschskulptur* stellt nach dem Motto: »Wie sieht diejenige Skulptur aus, in der meine Probleme gelöst sind und in der ich mich wohler fühle?«
Daran anschließend können die Supervisionsgruppenmitglieder gemeinsame Überlegungen anstellen, welche konkreten Schritte in der Alltagssituation der/die SupervisandIn unternehmen könnte, um vom Ist- zum Wunschzustand zu gelangen. D.h., es geht um den *Transfer* der aus der Skulpturarbeit gewonnenen Erkenntnisse in die Realsituation.

3.3.2 Mit der Skulpturarbeit verwandte Techniken

1. Stuhlskulptur:

Sind in der Supervisionsgruppe zuwenig Mitglieder vorhanden, die als SkulpturdarstellerInnen eingesetzt werden können, oder sprechen andere Gründe gegen eine Form der oben beschriebenen »Menschenskulptur«, kann die *Stuhlskulptur* zum Einsatz kommen.
Die Durchführung geschieht analog der oben beschriebenen Skulptur, nur werden die DarstellerInnen durch leere Stühle symbolisiert, auf die ein Namensschild im DIN-A4-Format zur entsprechenden Kennzeichnung gelegt wird, wie z.B. Frau Hacker, Schulleiter Schlichte, Kollege Ballreich usw.
Außer Stühlen können natürlich auch andere passende Möbelstücke des Raumes mit einbezogen werden, die Tische, Schränke usw.
Nachdem der/die SupervisandIn die Stühle bzw. Möbelstücke im Raum mit den entsprechenden Abständen und Positionen zueinander gruppiert hat, kann er sich noch kurz hinter jeden Stuhl stellen, die betreffende Person in der Ich-Form vorstellen und eine vermutete Empfindung, Absicht, einen Wunsch oder einen Handlungsimpuls äußern.
Beispiel: »Ich bin der Kollege Ballreich, und ich ärgere mich sehr, daß sich die Kollegin Beck (die Supervisandin) so von der Frau H. (Mutter des Schülers) vor ihren Karren spannen läßt. Ich wünsche mir, daß sie der Frau H. klar sagt, daß ihr Sohn mit seinen Verhaltensauffälligkeiten hier an unserer Schule fehl am Platze ist!«
Schließlich kann sich der/die SupervisandIn entweder selbst oder ebenfalls in Form eines Stuhls (Vorteil einer distanzierteren Betrachtung) die ihm als zutreffend erscheinende Position innerhalb der Gesamtskulptur einnehmen.

2. Seilskulptur:

Hierzu werden etwa 20 ca. 2 m lange und fingerdicke Seile benötigt, mit deren Hilfe unsichtbare Beziehungen (Bindungen!) sichtbar gemacht werden können.
Die Vorgehensweise ist genau dieselbe wie in der zuvor beschriebenen Skulpturarbeit, jedoch mit dem Unterschied, daß Nähe (enge Bindungen) und Distanz (lose Bindungen) nicht mit Hilfe des Abstandes der Darsteller voneinander, sondern mit Seilen symbolisiert werden.
Personen, die innerhalb der Skulptur nichts miteinander zu tun haben, können ohne Seil, Personen, die wenig miteinander zu tun haben, mit einem Seil, und Personen, die eine enge Verbindung haben, mit zwei oder mehr Seilen dargestellt werden.
Interessant dabei ist auch die Art der »Anbindung«: Bin ich mit einer anderen Person am Hosenbund, am Handgelenk, am Fußgelenk oder sogar mit einer Schlinge um den Hals

verbunden? Hängt das Seil bzw. hängen die Seile schlaff zwischen den verbundenen Personen durch, oder sind sie straff gespannt?
Seile bieten auch den Vorteil, daß ein zusammengefaltetes Din-A4-Blatt, auf dem der Inhalt der Verbindung steht, auf das Seil gehängt werden kann und so nicht nur die Quantität, sondern auch die Inhalte der Ver-Bindung gekennzeichnet werden können.

Abb. 35 Metaphorische Ver-Bindung

3. Skulpturarbeit mit LehrerInnen nach einer Methode von Dagmar Greitemeyer:

Die LehrerInnen stellen sich kreisförmig im Raum (in der Mitte) auf.
Die anderen möglichen Interaktionspartner dieser LehrerInnen im Schulalltag stellen sich einzeln oder als Minigruppen rings um den Kreis gruppiert auf, wie zum Beispiel Schulleitung, SchülerInnen, Eltern, KollegInnen, Staatliches Schulamt/Oberschulamt.
Die RollenspielerInnen der Außengruppen schreien möglichst laut und fordernd ihre Erwartungen den in der Mitte versammelten LehrerInnen zu.

Sodann erfolgt eine Auswertung mit Hilfe des Vier-Ebenen-Modells:
- Welche Erwartungen und Forderungen habe ich wahrgenommen?
- Wie erkläre ich diese Erwartungen und Forderungen?
- Was lösen diese Erwartungen und Forderungen gefühlsmäßig bei mir aus?
- Welche Reaktionen lösen diese Erwartungen und Forderungen bei mir aus? Was könnte ich in der Situation tun?

Anschließend kann noch ein Rollentausch dergestalt erfolgen, daß die in der Mitte des Raumes versammelten LehrerInnen in die Rollen der Interaktionspartner gehen und diese wiederum in die Rolle der LehrerInnen wechseln.

4. Schuhskulptur (Schuhsoziogramm)

Hierbei handelt es sich um eine Methode, die sowohl in den visuellen als auch in den kinästhetischen Bereich gehört. Da sie jedoch im dreidimensionalen Raum durchgeführt wird, rechnen wir sie eher zu den kinästhetischen Supervisionsmethoden.

In der Schuhskulptur (Schuhsoziogramm) werden, anders als in den oben beschriebenen Formen, nicht die Supervisionsgruppenmitglieder selbst oder Stühle, sondern die Schuhe der TeilnehmerInnen zur szenischen Darstellung eingesetzt.
Dabei können zwei Grundformen der Durchführung einer Schuhskulptur unterschieden werden:

a) Es wird das aktuelle Beziehungsgefüge der Supervisionsgruppe (falls Mitglieder aus verschiedenen Schulen kommen) bzw. des Kollegiums (falls alle Supervisionsmitglieder aus derselben Schule kommen) dargestellt. In diesem Fall fängt z.B. irgendein Gruppenmitglied an, seinen linken oder rechten Schuh in den Raum zu stellen, und die anderen Supervisionsgruppenmitglieder gruppieren nacheinander jeweils einen ihrer Schuhe in einem für sie passenden Abstand bzw. einer zutreffenden symbolischen Position (Wer steht wem auf dem Schuh, wohin zeigen die Spitzen usw.?) hinzu. (Für diese Form empfiehlt sich allerdings dringend ein/e AußensupervisorIn.)
b) Ein/e SupervisandIn stellt das Beziehungsgefüge seines Kollegiums oder der Beteiligten an einer Problemsituation dar in einer Supervisionsgruppe, deren Mitglieder aus verschiedenen Kollegien kommen. In diesem Fall ist der/die SupervisandIn der/die SkulpturdarstellerIn, der/die seine/ihre Schuhe und die Schuhe einiger übriger Gruppenmitglieder in einer ähnlichen Art und Weise wie in der Stuhlskulptur im Raum gruppiert.

In beiden Fällen entsteht ein plastisches, dreidimensionales Soziogramm der entsprechenden Gruppe, das mehr unter die Haut geht als z.B. ein Münzsoziogramm, aber weniger Betroffenheit auslöst als eine Skulptur mit realen Personen.

Übrigens gilt für alle vier vorgestellten Skulpturarten die Faustregel: Wenn es um das aktuelle Beziehungsgefüge der Supervisionsgruppe geht oder alle Supervisionsgruppenmitglieder aus demselben Kollegium stammen, ist eine Gruppenleitung durch eine/n AußensupervisorIn angebracht.

Wenn dagegen die Supervisionsgruppenmitglieder aus verschiedenen Kollegien stammen und ein Beziehungsnetz außerhalb der Supervisionsgruppe skulpturhaft dargestellt werden soll, kann ein Gruppenmitglied in der ModeratorInnenrolle die Skulpturarbeit anleiten.

3.3.3 Die Methode des »leeren Stuhls«

Diese aus der Gestalttherapie stammende Methode eignet sich besonders dann, wenn es sich um Konflikte, widerstreitende Gefühle bzw. widerstreitende Handlungstendenzen u.ä. *innerhalb* des/der SupervisandIn oder wenn es sich um Konflikte *zwischen* diesem/r und einem/r bestimmten KonfliktpartnerIn handelt.

Handelt es sich um Konflikte innerhalb des/der SupervisandIn, so kann mit Hilfe des leeren Stuhls der konflikthafte Prozeß nach außen verlagert, verdeutlicht und somit leichter analysierbar werden. Es handelt sich sozusagen um eine Dissoziation zwischen SupervisandIn und Konfliktsituation.

Indem der/die SupervisandIn mit beiden Teilen (Stühlen) abwechselnd in Kontakt kommt und sie als Teile *seiner/ihrer* Person erkennt, kann er/sie sie eher als etwas Vertrautes statt Fremdes, Abgespaltenes erleben. Aus dem »Entweder-Oder« wird ein *»Und«*, es kann zu einer Integration kommen.

Dazu ein Beispiel: Eine Supervisandin ist sich völlig unschlüssig darüber, ob sie ihren halben Lehrauftrag zu einem vollen aufstocken soll oder nicht. Mit dem halben Lehrauftrag hat sie mehr Zeit für ihre zwei Kinder, den Mann und sich selbst, aber dafür mehr langweilige Hausarbeiten und weniger dringend benötigtes Geld für die Abzahlung der durch den Hausbau entstandenen Schulden.

Der Moderator stellt ihr einen leeren Stuhl in ca. 1 m Abstand gegenüber und fragt sie, ob sie auf diesen Stuhl die voll oder halb berufstätige Marianne setzen möchte.

Nachdem sie sich entschieden hat, dort das »andere Ich«, die voll berufstätige Marianne zu plazieren, fordert sie der Moderator auf, zunächst einmal in der Ichform jeweils passende symbolische Namen für die voll und halb berufstätige Marianne zu erfinden. Sie nennt die halb berufstätige Marianne »Hausmütterchen« und die voll berufstätige, auf dem leeren Stuhl gegenüber plazierte Marianne »Cinderella« (als Anklang an einen diesbezüglichen Buchtitel, der von Karrierefrauen handelt).

Anschließend fordert der Moderator zunächst einmal die Marianne »Hausmütterchen« auf, sich in der Ichform vorzustellen: »Ich bin die Marianne ›Hausmütterchen‹, bin 39 Jahre alt, seit 13 Jahren verheiratet, bin mit halbem Lehrauftrag berufstätig und habe zwei Töchter im Alter von 12 und 10 Jahren usw.«

In einem nächsten Schritt wird Marianne eingeladen, sich auf den leeren Stuhl zu setzen und ebenfalls in der Ichform sich als Marianne »Cinderella« vorzustellen: »Ich bin die Marianne ›Cinderella‹ ..., bin ganz berufstätig usw.«

Nun wechselt Marianne »Cinderella« wieder auf den Stuhl der Marianne »Hausmütterchen« und erhält die Anweisung, wiederum in der Ichform alle nur erdenklichen Vorzüge der halben Berufstätigkeit aufzuzählen, so als wolle sie mit möglichst vielen stichhaltigen Argumenten ihr Gegenüber, Marianne »Cinderella« von den Vorteilen einer halben Berufstätigkeit überzeugen. Danach wechselt Marianne »Hausmütterchen« wieder auf den Stuhl der Marianne »Cinderella«, wiederholt zunächst einmal in einer Art kontrolliertem Dialog die vorgebrachten Argumente der Marianne »Hausmütterchen«, fängt dann jedoch an zu kontern: Sie erzählt jetzt in der Rolle der Marianne »Cinderella« alle Vorzüge einer vollen Berufstätigkeit und versucht davon die Marianne »Hausmütterchen« zu überzeugen. Nachdem Marianne nun wieder in die Position der Marianne »Hausmütterchen« zurückgewechselt ist, verfährt sie in derselben Art und Weise wie Marianne »Cinderella« zuvor, d.h., sie wiederholt zunächst die Argumente der Marianne »Cinderella« und entwickelt anschließend wieder die entsprechenden Gegenargumente.

Das Hin- und Herwechseln zwischen den beiden Stühlen kann dann einige Male stattfinden, bis ganz allmählich entweder eine Seite die Oberhand gewonnen hat oder sich eine Kompromißvorstellung herausgebildet hat, aus dem »Entweder-Oder« *»Und«* geworden ist.

In unserem Beispielsfall hat Marianne sich für die Lösung einer Dreiviertelstelle plus stärkerer Beteiligung von Töchtern und Ehemann an der Hausarbeit entschieden.

Der innere Such- und Entscheidungsprozeß wird durch diese Methode nach außen verlagert und kann mit Hilfe des Moderators bzw. der Gruppenmitglieder transparenter und lösbarer gemacht werden.

In ähnlicher Form wird in den Fällen verfahren, in denen es um einen Konflikt *zwischen* dem/der SupervisandIn und einer anderen Person geht: So wird z.B. ein Supervisand, der eine Konfliktsituation mit einer Kollegin bearbeiten möchte, aufgefordert, zunächst aus der eigenen Betroffenheit heraus Argumente für seine Position an die imaginär anwesende Kollegin auf dem Stuhl gegenüber zu richten. Dann findet ein Rollenwechsel statt, in dem er sich auf den leeren Stuhl setzt und zunächst in der Rolle dieser Kollegin die vorgebrachten Argumente wiederholt und anschließend in der Ichform Gegenargumente aus der Position der Konfliktpartnerin äußert usw.

Nach einigen Rollenwechseln kann sich der Supervisand so leichter in die Situation der Konfliktpartnerin einfühlen, manches erscheint ihm in einem anderen Licht, es besteht eher die Möglichkeit einer Deeskalation.

Die beobachtenden Gruppenmitglieder geben gezielte Rückmeldung über die verbalen und nonverbalen Prozesse des Supervisanden in den beiden Rollen.

3.3.4 Symbolisierung von Lehrer-Eltern-Grenzen mit Seilen

Immer wieder berichten SupervisandInnen über Streß- und Konfliktsituationen, die dadurch entstehen, daß Eltern ihnen die Elternverantwortung zuschieben wollen oder ihnen in besserwisserischer Manier pädagogische Ratschläge erteilen wollen.

So können Eltern z.B. LehrerInnen für die Verhaltensauffälligkeiten ihres Kindes, für seine Außenseiterposition in der Klasse, für seine Unkonzentriertheit, ja sogar für seine nicht erledigten Hausaufgaben verantwortlich machen. Manche LehrerInnen ziehen sich diesen Schuh an, und, indem sie nicht klar genug ihre unsichtbare Grenze, ihren Verantwortungsbereich verteidigen, diese Grenzverletzungen führen zu Verstrickungen, Belastungen und Kränkungen.

Neben entsprechenden Supervisionsmethoden auf der verbal-akustischen und visuellen Ebene stellen die Symbolisierung der Lehrer-Eltern-Grenzen mit Hilfe von Seilen und die im nächsten Abschnitt erläuterte Ja-nein-Sage-Übung kinästhetische Methoden dar, die in metaphorischer Form den Schutz der unsichtbaren Grenzen körperlich erfahrbar werden läßt.

Zunächst stellt sich der/die SupervisandIn innerlich seine/ihre Grenze vor, z.B. als einen Garten mit Zaun, als ein Ackergrundstück, als ein Haus mit einer Landschaft drum herum usw. Dann wird er/sie aufgefordert, seine/ihre Grenze äußerlich zu markieren, indem er/sie beispielsweise sich einmal mit ausgestreckten Armen um die eigene Achse dreht und den so beschriebenen Kreis mit einigen Seilen auf dem Boden kennzeichnet. Anschließend kann er/sie jeweils auf einem DIN-A4-Blatt aufschreiben, welche Bereiche innerhalb dieser durch das Seil markierten persönlichen Grenze liegen, wie z.B. Familienleben, Freizeit, pädagogische Kompetenz usw. Die so gekennzeichneten Blätter werden dann von ihm/ihr innerhalb der Grenze (des Seils) auf dem Boden verteilt.

Jetzt kann sich der/die SupervisandIn, der sich in die Mitte des Seilkreises stellt, eine/n MitspielerIn aussuchen, der/die die Rolle eines möglichen Grenzverletzers übernimmt. Z.B. übernimmt ein Gruppenmitglied die Rolle eines Vaters, der ausgerechnet dann anruft, am Freitag abend nach 20.00 Uhr, und ein längeres Telefonat führen möchte, als der Supervisand gerade dabei ist, zu einem Volleyballturnier zu gehen. Läßt sich der Supervisand darauf ein, wird vom Moderator oder einem Beobachter an der Stelle das Grenzseil »eingedellt«, an der der Zettel mit der Aufschrift »Freizeit« liegt. D.h., der Supervisand hat es nicht geschafft, seine Grenze an dieser Stelle zu schützen. Derselbe Vater würde nämlich nie auf die Idee kommen, am Freitag abend seine Autoreparaturwerkstatt um diese Zeit anzurufen. Selbst Ärzte und Apotheken haben einen klar geregelten Notfalldienst, weshalb also sollen LehrerInnen zu jeder Tages- und Nachtzeit erreichbar sein?

Nachdem der/die SupervisandIn von den übrigen Gruppenmitgliedern eine gezielte Rückmeldung erhalten hat, kann er nun in einem zweiten Rollenspieltelefonat mit diesem Vater

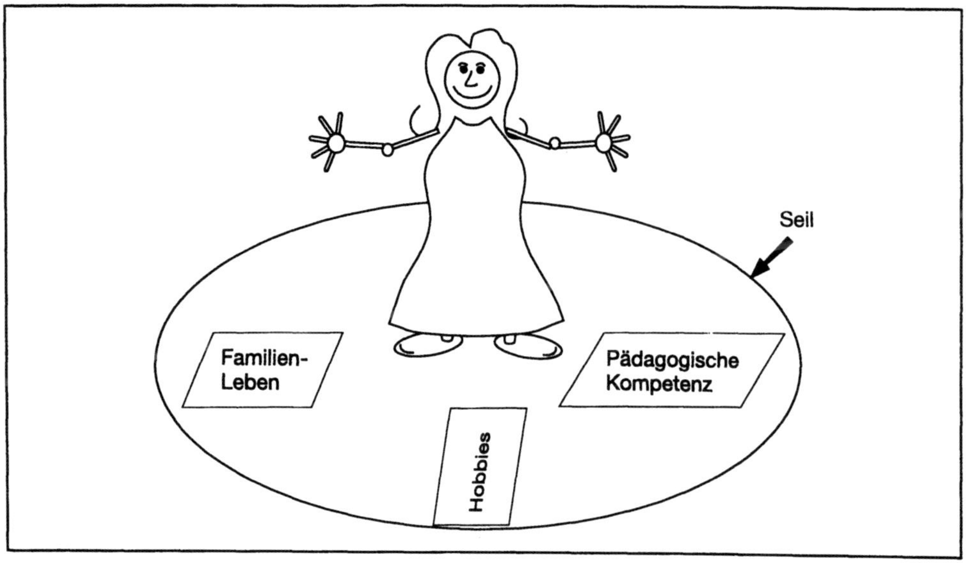

Abb. 36 Metaphonische Seilgrenzen

seine Grenzen besser schützen. Falls dies wiederum nicht gelingt, wird an der entsprechenden Stelle die Seilgrenze noch weiter nach innen, in Richtung Supervisand, verlagert.

In einer anderen Supervisionssituation erprobt eine Supervisandin, wie sie sich besser gegen den Schulleiter abgrenzen kann, der ihr immer wieder einen Stundenplan mit vielen Rand- und Hohlstunden verpaßt. In wieder einer anderen Situation geht es darum, daß ein Vater, der selber Lehrer an einem Gymnasium ist, der Supervisandin, die Grundschullehrerin ist, vorschreiben möchte, wie sie ihren Unterricht gestalten soll usw. Erfahrungsgemäß löst es bei den Supervisanden nachhaltige Wirkungen aus, wenn sie auf dieser ganzheitlichen Ebene erfahren, wie halbherzig sie oft ihre Grenzen schützen und welche Wirkungen sie erzielen, wenn sie kongruent, d.h. mit voller Kraft und Überzeugung ihre Grenzen verteidigen.

3.3.5 Ja-Nein-Sage-Übung

Die Themen und Anlässe für diese Supervisionsmethode können dieselben sein wie bei der oben beschriebenen Seilgrenze.

Diese Übung sieht so aus, daß der/die SupervisandIn sich eine/n MitspielerIn aussucht, der/die aus der zugewiesenen Rolle heraus eine ganz bestimmte Forderung an ihn/sie stellen soll, die er/sie aber nicht erfüllen möchte.

Beispielsweise sagt der Mitspieler (in einer Schulleiterrolle): »Ich möchte, daß Sie X, Y … (diese oder jene Tätigkeit) beim nächsten Schulfest übernehmen.«

Die Supervisandin, die sich ausgenützt fühlt, weil sie bei den vergangenen Schulfesten immer unverhältnismäßig viel Arbeit (im Gegensatz zu den übrigen Kollegen und den Eltern) übernommen hat, will diese Forderung jedoch ablehnen.

Sie wird vom Moderator instruiert, sich einen fest Stand zu suchen, ein paarmal tief durchzuatmen und jedesmal *kongruent* (d.h. in Übereinstimmung von verbaler und nonverbaler Ebene) »nein« zu sagen, wenn der Mitspieler »ja« sagt.

Der Mitspieler erhält die Anweisung, sich ca. 5 m entfernt von der Supervisandin in den Raum zu stellen und jedesmal, wenn diese nach einem Ja seinerseits ein nicht kongruentes, nicht überzeugendes Nein gesagt hat, einen halben Schritt näher auf sie zuzugehen. Er bleibt erst dann stehen, wenn er von der Supervisandin ein kongruentes Nein gehört hat.

Wir können in Supervisionen immer wieder erleben, daß der »ja«-sagende Mitspieler bis auf einen sehr geringen, als bedrohlich erlebten Körperabstand vorrücken kann, bis der/die SupervisandIn endlich ein deutliches, kongruentes, überzeugendes Nein!! sagt.

So lächeln z.B. manche SupervisandInnen beim Neinsagen, nehmen eine Verlegenheit oder Unsicherheit signalisierende Körperhaltung ein oder sagen das Nein mit zittriger, unsicherer Stimme.

Ähnlich wie mit der oben geschilderten Methode der Seilgrenze kann hier der/die SupervisandIn auf einer ganzheitlichen Körperebene erfahren, welche Wirkung er/sie erzielt und wie seine/ihre Ausstrahlung wirkt, wenn er/sie mit voller Überzeugung und Kongruenz seine/ihre unsichtbare Grenze verteidigt.

3.3.6 Entspannungstechniken zum Streßabbau

Exemplarisch für die große Anzahl der existierenden Entspannungstechniken wollen wir im folgenden eine leicht erlernbare und völlig ungefährliche Entspannungstechnik vorstellen, nämlich die Progressive Muskelentspannung nach E. Jacobsen.

Das Grundprinzip dieser Entspannungsübung besteht darin, »daß kurz und intensiv angespannte Muskeln rasch ermüden und sich dann schwer und warm anfühlen. Wenn die wichtigsten Körpermuskelgruppen nacheinander auf diesem Weg bearbeitet werden, entsteht im Körper allmählich ein entspannter Gesamtzustand.« (Hennig/Keller 1992, S. 56)

Da Hektik und Streßgefühle mit Entspannungszuständen unvereinbar sind, können LehrerInnen auch auf diesem Weg für ihre Psychohygiene sorgen. Gleichzeitig können sie dieses Entspannungsverfahren (nachdem sie es einigermaßen sicher beherrschen) ihren SchülerInnen beibringen, um z.B. Angst vor Klassenarbeiten abzubauen.

Nachdem die Supervisionsgruppenmitglieder eine bequeme Sitzhaltung eingenommen haben, wird ihnen gesagt, sie sollen z.B. »die Faust stark anspannen (ca. 5 bis 10 Sekunden), anschließend wieder los lassen und beobachten, was in der betreffenden Muskelgruppe vor sich geht. Das Prinzip ist jedesmal dasselbe: auf eine kurze, feste Anspannung folgt eine langsame Entspannung, während der man die entsprechenden Körperempfindungen auf sich einwirken läßt. Daraufhin geht man zur nächsten Muskelgruppe über.« (Hennig/Keller 1992, S. 56). Im folgenden geben wir die wörtliche Anweisung der Entspannungsübung wieder (Hennig/Keller, a.a.O.):

Faust

> Balle die rechte Faust (Stelle Dir vor, Du wolltest mit der Hand eine Walnuß knacken!), bis Du ein leichtes Ziehen in den Muskeln verspürst! ... 5, 4, 3, 2, 1 ...
>
> Entspanne die Faust! Lege sie ruhig neben Dich, und beobachte das Kribbeln und Wärmgefühl!
>
> Balle die linke Faust, bis Du ein leichtes Ziehen in den Muskeln verspürst!
> ... 5, 4, 3, 2, 1 ...

Entspanne die Faust! Lege sie ruhig neben Dich, und beobachte das Kribbeln und Wärmegefühl!

Oberarmmuskel

Spanne den rechten Oberarmmuskel an, bis Du ein leichtes Ziehen verspürst!
... 5, 4, 3, 2, 1 ...

Entspanne den Oberarmmuskel!

Spanne den linken Oberarmmuskel an, bis Du ein leichtes Ziehen verspürst!
... 5, 4, 3, 2, 1 ...

Entspanne den Oberarmmuskel!

Augen

Drücke die Augen fest zu, aber nicht so stark, daß es schmerzt!
... 5, 4, 3, 2, 1 ...

Löse die Spannung, und laß die Augen dabei leicht geschlossen!

Nacken

Drücke das Kinn fest auf das Brustbein!
... 5, 4, 3, 2, 1 ...

Laß den Kopf in eine angenehme Lage zurückkehren und entspanne Dich! Lege den Kopf, soweit es geht, nach hinten!
... 5, 4, 3, 2, 1 ...

Laß den Kopf in eine angenehme Lage zurückkehren, und entspanne Dich!

Brustkorb

Atme tief ein, bis sich der Brustkorb wölbt!
... 5, 4, 3, 2, 1 ...

Atme aus und entspanne dich!

Bauch

Ziehe den Bauch nach innen, und spanne die Bauchmuskeln fest an!
... 5, 4, 3, 2, 1 ...

Laß den Bauch wieder locker und entspanne Dich!

Beine

Strecke den rechten Fuß von Dir weg, und drücke ihn nach unten, so daß der Wadenmuskel und der Oberschenkel gespannt werden!

... 5, 4, 3, 2, 1 ...

Entspanne und lockere das rechte Bein!

Strecke den linken Fuß von Dir weg, und drücke ihn nach unten, so daß der Wadenmuskel und der Oberschenkel gespannt werden!
... 5, 4, 3, 2, 1 ...

Entspanne und lockere das linke Bein!

3.3.7 Nützliche Geschenke

Hierbei handelt es sich um eine metaphorische Form einer Rückmeldung: Die Supervisionsgruppenmitglieder geben sich gegenseitig oder beispielsweise einem ausscheidenden Supervisionsgruppenmitglied ein symbolisches Geschenk mit, von dem sie glauben, daß es für den Betreffenden nützlich sein könnte für die Veränderung einengender Einstellungen oder festgefahrener Handlungsmuster im privaten wie im beruflichen Bereich.

Da manche Geschenke für die Beschenkten vielleicht nicht immer gleich auf den ersten Blick in ihrer Bedeutung klar einzuordnen sind, empfiehlt es sich für den/die Schenkende/n, in der Regel eine kurze mündliche oder schriftliche »Gebrauchsanweisung« mitzuliefern, welchen Sinn und Zweck das Geschenk erfüllen könnte.

Eine Realschullehrerin, die in ihrer Supervisionsgruppe immer wieder durch ein großes Harmoniebedürfnis und Angst vor Konflikten auffiel und die zum letzten Mal an einer Sitzung ihrer Supervisionsgruppe teilnahm, weil sie in einen anderen Schulbezirk wechselte, bekam folgende Geschenke mit auf den Weg:

- einen Miniaturboxhandschuh, den sie sich um den Hals hängen konnte
- ein Plastikschwert
- eine Postkarte, auf der eine Sumpflandschaft mit waberndem Nebel sowie ein helles Licht am Horizont abgebildet war
- ein Buch mit dem Titel »Streiten verbindet«
- einen kleinen Bergkristall (das Symbol für die Klarheit).

Statt dieser aus der Supervisionsgruppe ausscheidenden Realschullehrerin in negativer oder abwertender Form Rückmeldung zu geben nach dem Motto »Sei doch nicht so konfliktscheu«, »Setz Dich doch besser durch«, »Sei nicht so unklar«, erhielt sie in Form dieser nützlichen Geschenke in einer positiven und für sie akzeptablen Form eine Gruppenrückmeldung.

Besonders geeignet ist diese Form der Rückmeldung, wenn wie im eben geschilderten Fall ein Mitglied die Supervisionsgruppe verläßt oder wenn sich alle Supervisionsgruppenmitglieder zu einer letzten gemeinsamen Sitzung treffen.

Ausblick: Grenzen und Risiken der kollegialen Lehrersupervision

Als Ausgangspunkt für unsere Überlegungen nehmen wir R. C. Cohns (1975) Modell der themenzentrierten Interaktion, das sie wie folgt beschreibt: »Jede Gruppeninteraktion enthält drei Faktoren, die man sich bildlich als Eckpunkte eines Dreiecks vorstellen könnte:

1. *Das Ich*, die Persönlichkeit
2. *Das Wir*, die Gruppe
3. *Das Es*, das Thema

Dieses Dreieck ist eingebettet in eine Kugel, die die Umgebung darstellt, in welcher sich die interaktionelle Gruppe trifft. Diese Umgebung besteht aus Zeit, Ort und deren historischen, sozialen und teleologischen Gegebenheiten. Die thematische interaktionelle Methode befaßt sich mit den Beziehungen der ›Dreieckspunkte‹ zueinander und ihrer Einbettung in die ›Kugel‹.« (S. 113f.). Übertragen auf die Situation der kollegialen Supervisionsgruppe, sieht das TZI-Dreieck wie folgt aus:

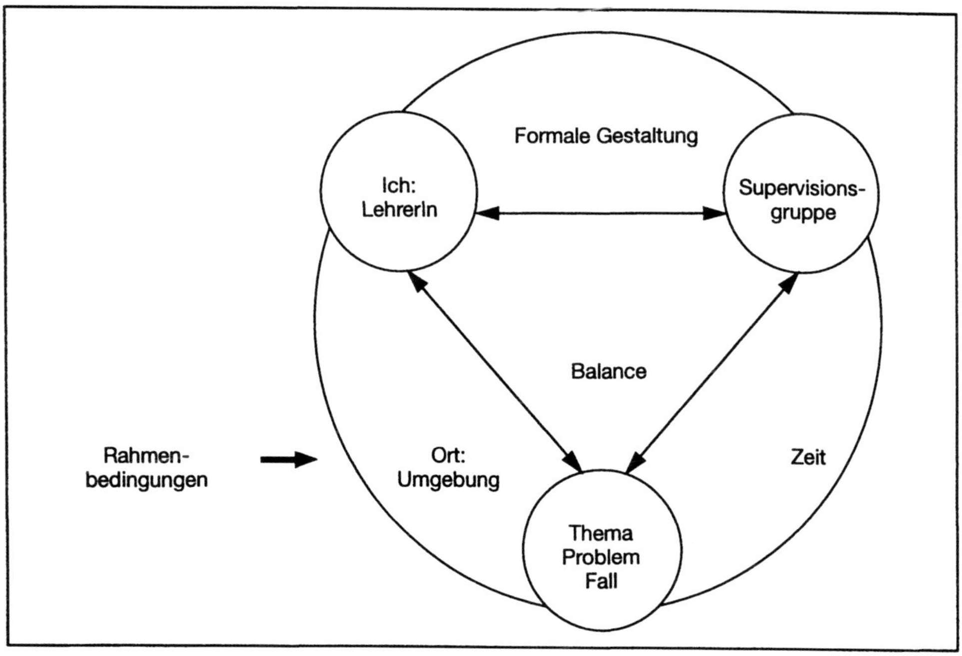

Abb. 37 TZI-Modell der kollegialen Lehrersupervision

R.C. Cohn geht davon aus (und wir können es aus unserer Erfahrung bestätigen), daß dann Arbeitsgruppen (d.h. auch kollegiale Supervisionsgruppen) effektiv arbeiten, wenn sich die drei Eckpunkte des Dreiecks in einem ausbalancierten Zustand befinden. Das bedeutet, daß die individuellen Bedürfnisse des einzelnen Gruppenmitglieds, die kollektiven Bedürfnisse und das Beziehungsgefüge der Gesamtgruppe sowie das zu bearbeitende Thema weder ein Übergewicht bekommen noch zu kurz kommen.

Auf die kollegiale Supervisionsgruppe übertragen heißt das: Ein unausgewogener, unbalancierter Prozeß kann zum Beispiel dann in Gang kommen, wenn ein einzelnes Gruppenmitglied mit seinen Redebeiträgen oder seiner individuellen Problematik die Gruppe dominiert. Dann kommen die anderen Gruppenmitglieder und das Arbeitsthema zu kurz.

Ein Beispiel für eine diesbezügliche Gefahr wäre das Abgleiten eines Gruppenmitgliedes in einen quasitherapeutischen Prozeß, d.h., die Bearbeitung persönlicher Probleme des Betreffenden durch ein oder mehrere andere Teilnehmer wird so intensiv, daß sie eindeutig in den Rahmen einer Einzel- oder Gruppentherapie gehört.

Sehr schnell sind dann die anderen Gruppenmitglieder überfordert und auch die Zeit reicht nicht aus, was sich dann für das betroffene Gruppenmitglied als schmerzhafter, unabgeschlossener Prozeß, das Aufbrechen und Nichtverpflastern einer Wunde darstellt.

Den Fehler, die Grenzen zwischen einer Supervisions- und einer Therapiegruppe zu verwischen, begehen übrigens unserer Beobachtung nach auch immer wieder professionelle (verführt durch ihr therapeutisches Handwerkszeug) SupervisorInnen.

Anders verhält es sich, wenn sich im Verlauf des Supervisionsprozesses herausstellt, daß ein Gruppenmitglied zusätzlich zur Supervision ein therapeutisches Setting zur Klärung seiner persönlichen Probleme benötigt. Dann kann die Gruppe durchaus hilfreiche Unterstützungsarbeit in der Schaffung einer motivationalen Grundlage für eine Therapie leisten. Die therapeutischen Prozesse selbst müssen aber dann eindeutig außerhalb der Supervisionsgruppe stattfinden.

Eine andere Art von Ungleichgewicht in einer Supervisionsgruppe kann dadurch entstehen, daß die Fallbearbeitung (zum Beispiel Probleme mit »schwierigen« SchülerInnen, Eltern, KollegInnen) so stark in den Vordergrund tritt, daß die persönlichen Anteile der einzelnen Gruppenmitglieder sowie die Beziehungsprozesse zwischen den Gruppenmitgliedern ganz ausgeblendet werden. Dabei entsteht dann zum einen die Gefahr der Illusion, die in der Supervision vorgebrachten schwierigen Situationen hätten nichts mit der Lehrerpersönlichkeit zu tun: die/der LehrerIn würde sich sozusagen außerhalb des sozialen Beziehungsgefüges Schule stellen bzw. sein/ihr Befinden im privaten Bereich hätte keinerlei Auswirkungen auf sein/ihr berufliches Befinden. Zum andern könnte die Vernachlässigung des Gruppenprozesses dazu führen, daß verdrängte, nicht bearbeitete atmosphärische Störungen bei den einzelnen Gruppenmitgliedern ein zunehmendes Gefühl des Unwohlseins, des schwindenden Vertrauens in die Gruppe u.ä. auslösen. In letzter Konsequenz droht dann ein Zerfall der Supervisionsgruppe.

Eine dritte mögliche Gefahr von »Gleichgewichtsstörungen« in der Supervisionsgruppe ist die ausschließliche (und nicht nur kurzzeitige) Fokussierung auf den Gruppenprozeß. Das Arbeitsthema und die Anliegen des einzelnen Gruppenmitgliedes treten dann ganz in den Hintergrund, so daß aus der Lehrersupervisionsgruppe eine Selbsterfahrungsgruppe wird.

Nun ist zwar Selbsterfahrung, also die Frage, wie ich mich und andere wahrnehme und sie mich wahrnehmen, wie ich mit anderen und sie mit mir umgehen, die Bewußtwerdung meiner persönlichen Stärken und Schwächen usw., durchaus ein wünschenswerter und zentraler Prozeß in der Persönlichkeitsbildung jeder Lehrerin und jedes Lehrers (jedes Menschen!).

Aber dieser Prozeß sollte sinnvollerweise in einer Lehrerselbsterfahrungsgruppe *mit* GruppenleiterIn stattfinden! In einer kollegialen Supervisionsgruppe ist die Gefahr der Selbstzerfleischung, des Versinkens im »Psychosumpf« des Beziehungswirrwars zu groß.

Wenn allerdings das Gruppengefüge der Supervisionsgruppe aufgrund bestimmter Störungsprozesse zum Hauptthema einer Supervisionssitzung gemacht werden soll (was ab und zu sehr sinnvoll sein kann!), dann ist auf jeden Fall das Hinzuziehen eines/r AußensupervisorIn unumgänglich. Kein Gruppenmitglied kann sich sozusagen »außerhalb der Gruppe« stellen und sich aus einer neutralen (sehr wichtig!) Position betrachten.

Um die Gefahr der drei vorgestellten »Gleichgewichtsstörungen« einer kollegialen Supervisionsgruppe zu verringern, könnte im Gruppenraum als visuelle Erinnerung ein großes Poster mit der Zeichnung des TZI-Dreiecks sowie den Kommunikationsregeln hängen. Wenn dann ein Gruppenkonsens darin besteht, möglichst einen Balancezustand zwischen dem einzelnen, der Gruppe und dem Arbeitsthema anzustreben, kann der/die jeweilige ModeratorIn bei Bedarf auf das TZI-Dreieck verweisen.

TZI-Regeln:

Hauptregel

Sei Dein eigener »Vorsitzender« und bestimme, wann Du reden willst.

Versuche, in dieser Stunde das zu geben und zu empfangen, was Du selbst geben und erhalten willst. Sei Dein eigener Vorsitzender – und richte Dich nach Deinen Bedürfnissen, im Blick auf das Thema und was immer für Dich wichtig sein mag.

Grundregeln

- Sprich nicht per »man« oder »wir«, sondern per »ich«.
- Persönliche Aussagen sind normalerweise besser als unechte Fragen.
  Versuche, Fragen dadurch einzuleiten, daß Du kurz erklärst, was die Frage für Dich bedeutet.
- Wenn mehrere Gruppenmitglieder sprechen bzw. sprechen wollen, ist es empfehlenswert, eine Einigung über den Gesprächsverlauf herbeizuführen.
- Es darf nur einer auf einmal reden.
- Vermeide nach Möglichkeit Seitengespräche. Wenn es einmal der Fall ist, versuche, die Gruppe hinterher daran zu beteiligen.
- Wenn Du nicht wirklich dabeisein kannst, d.h., wenn Du gelangweilt oder ärgerlich bist oder aus einem anderen Grunde Dich nicht konzentrieren kannst, unterbrich das Gespräch.
- Versuche zu sagen, was Du wirklich sagen willst, nicht was Du möglicherweise sagen solltest, weil es von Dir erwartet wird.
- Vermeide nach Möglichkeit Interpretationen anderer und teile statt dessen lieber Deine persönlichen Reaktionen mit.
- Beachte Signale aus Deinem Organismus und beachte ähnliche Signale bei anderen Gruppenmitgliedern.

(Aus: Bachmair u.a. 1989, S. 163f.)

Wenn jedoch aus irgendwelchen Gründen die Gruppe aus eigener Kraft nicht mehr weiterkommt, ist zweifellos das Hinzuziehen eines/r AußensupervisorIn (eventuell für ein bis drei Sitzungen) wesentlich sinnvoller, als die Existenz der Gruppe aufs Spiel zu setzen. Anschließend sei noch angemerkt, daß die Risiken einer Supervisionsgruppe – mit oder ohne SupervisorIn – unvergleichlich geringer sind als der mögliche Nutzen, nämlich:

- den Ausbruch aus der Vereinzelung des Lehrerberufs zu fördern
- die Chance zu bekommen, sich beruflich und persönlich weiterzuentwickeln
- konkrete Hilfestellungen bei der Bewältigung akuter oder chronischer Alltagsprobleme zu erhalten

und somit die Gefahr des berüchtigten »Burnout«-Syndroms zu verringern.

Anhang: Arbeitsblätter und Materialien

Arbeitsblatt Nr. 1

Titel:	Streßinventar
Problemebene:	Lehrerpersönlichkeit
Ziel:	Einschätzen und Gewichten der momentanen beruflichen Belastungen. Hilfe bei der Auswahl des Supervisionsschwerpunktes und von Gruppenthemen.
Durchführung:	Ausfüllen des Fragebogens auf den folgenden Seiten.

Individuelle Auswertung:

In welchen Bereichen bzw. bei welchen Tätigkeiten treten die stärksten Belastungen auf? Möchte ich daran etwas ändern oder möchte ich die Belastung besser aushalten? Woran möchte ich in der Supervisionsgruppe arbeiten, woran allein?

Gruppenbezogene Auswertung:

Gibt es Übereinstimmungen (Clusterungen) von bestimmten als große Belastung empfundene Stressoren oder Bereichen? Woran wollen wir als Gruppe oder Kollegium arbeiten? (z.B. als Arbeitsgruppen, Supervisionsgruppen oder als Gesamtkollegium am Pädagogischen Tag.)

Der Abdruck dieses Fragebogens erfolgt mit freundlicher Genehmigung der Autoren:

Dr. H. Nock, Bildungsberatungsstelle, 74072 Heilbronn, Allee 29
J. Leinenbach, Bildungsberatungsstelle, 70176 Stuttgart, Breitscheidstr. 48

Streßinventar (H. Nock und J. Leinenbach)

Wir bitten Sie zunächst um folgende Angaben:

☐ männl. ☐ weibl. Deputat ____ Std. Schulart: ______________________

Bitte geben Sie an, wie stark Sie folgende Tätigkeiten/Gegebenheiten belasten
(**1** = Belastung sehr gering → **5** = Belastung sehr stark)

A. Unterrichtsvorbereitung	Grad der Belastung					nicht beobachtet
	1	2	3	4	5	
1. Stoffverarbeitung						
2. didaktische Planung						
3. Ideenbeschaffung						
4. außerunterrichtl. Zeitplanung						
	x 1 =	x 2 =	x 3 =	x 4 =	x 5 =	Summe: =
						:*

B. Klassenarbeiten	Grad der Belastung					nicht beobachtet
	1	2	3	4	5	
5. Vorbereitung						
6. Korrektur						
7. Mitteilung schlechter Schülerleistungen						
8. Zeitplanung im Rahmen von KA						
	x 1 =	x 2 =	x 3 =	x 4 =	x 5 =	Summe: =
						:*

C. Unterrichtsdurchführung

	Grad der Belastung					nicht beobachtet
	1	2	3	4	5	
9. Stoffvermittlung (Methodenwechsel)						
10. ständiger Zeitdruck (Lehrplan)						
11. fehlende Disziplin (Unruhe) der Schüler						
12. Aggressionen der Schüler untereinander						
13. Aggressionen der Schüler gegenüber Lehrern						
14. Interesselosigkeit d. Schüler						
15. Nichtbefolgen v. Anordnungen						
16. Pausenlärm						
17. 45-Minuten-Rhythmus						
18. viel reden müssen						
19. immer »wach« sein müssen						
	x 1 =	x 2 =	x 3 =	x 4 =	x 5 =	Summe: =
						:*

D. Schulsituation	Grad der Belastung					nicht beobachtet
	1	2	3	4	5	
20. Klassenzimmer (Größe, Möbel, bauliche Mängel)						
21. fehlende (nur mit Mühe erreichbare) Medien/Materialien						
22. Regelungen bezüglich Kopieren/Vervielfältigen						
23. Konferenzen (Dauer, fehlende Offenheit, Selbstdarstellung der Kollegen u.a.)						
24. Lärm in den Nachbarklassen						
25. Klassengröße						
26. Leistungsgefälle in der Klasse						
27. Reglementierung durch Erlasse/Verordnungen (»Verrechtlichung«)						
28. Aufsichtstätigkeit						
29. Vertretungsstunden						
30. außerunterrichtliche Schulveranstaltungen						
31. Besuche durch den Schulleiter						
32. Besuche durch den Schulrat						
33. ausländische Schüler						
	x 1 =	x 2 =	x 3 =	x 4 =	x 5 =	Summe: =
						:*

E. Beziehungen

	Grad der Belastung 1	2	3	4	5	nicht beobachtet
34. dienstl. Gespräche mit dem Schulleiter (SL) führen						
35. Wünsche/Beschwerden seitens des SL						
36. fehlende Anerkennung durch den SL						
37. ungerechte Behandlung durch den SL						
38. Parteilichkeit des SL						
39. bloßgestellt werden durch den SL						
40. gestörte Beziehungen zu Kollegen						
41. arrogante Kollegen						
42. fehlende Offenheit der Koll.						
43. Atmosphäre/Klima im Lehrerzimmer						
44. fehlende Unterstützung seitens der Kollegen (keine Kooperation/Solidarität)						
45. keine Zeit, um mit Kollegen zu reden/beraten						
46. Unfähigkeit des Kollegiums, sich über (wenige) Erziehungsgrundsätze zu einigen						
47. fordernde/unverschämte/ besserwisserische Eltern						
48. überhöhte Leistungsanforderungen der Eltern						
49. interessenlose Eltern						
	x 1 =	x 2 =	x 3 =	x 4 =	x 5 =	Summe: =
						:*

F. Sonstiges	Grad der Belastung					nicht beobachtet
	1	2	3	4	5	
50. Probleme des Alterns (nachlassende Spannkraft)						
51. Diskrepanz zwischen Berufsideal und -wirklichkeit						
52. Doppelbelastung Familie/Beruf						
53. negatives Berufsimage						
54. begrenzte Aufstiegsmöglichk.						
....						
	x 1 =	x 2 =	x 3 =	x 4 =	x 5 =	Summe: =

Summe der Bereiche A–F: ____________

Grad der Gesamtbelastung ____________

* Anzahl der insgesamt bearbeiteten Fragen (ohne »nicht beobachtet«)

Arbeitsblatt Nr. 2

Bezug:	Kapitel 3.1.2, S. 59
Titel:	Arbeit am Selbstkonzept
Problemebene:	Lehrerpersönlichkeit
Ziel:	Veränderung einengender Einstellungen
Methode:	Verbal-akustisch
Vorbereitung:	Identifizierung einengender Einstellungen (Ich muß immer ... Ich darf nie ...)
Durchführung:	1. Infragestellung der Einstellung durch die Frage: »Kannst Du X Y wirklich immer?« Suche nach Ausnahmen von der Regel 2. Phantasierte Konsequenzen, die mit dem außer Kraft setzen der inneren Regel geäußert werden 3. Infragestellung der phantasierten Konsequenzen 4. Umwandlung der inneren Sätze (Einstellungen): »Ich muß immer« wird umgewandelt in »Ich kann ..., wenn ...« oder das Gegenteil der inneren Einstellun,g z.B. statt perfekt sein nicht perfekt sein, »Ich darf nicht perfekt sein, wenn ...«
Auswertung:	Kann ich die veränderten inneren Sätze/Einstellungen akzeptieren? Bin ich bereit – probeweise – in meinem Alltag gemäß den veränderten inneren Sätzen zu handeln?

Persönliche Konsequenzen für mich beruflich/privat:

a) Änderung meiner Einstellung
b) Änderungen in meinem Verhalten

Arbeitsblatt Nr. 3

Bezug:	Kapitel 3.1.3, S. 61
Titel:	Meine vier Ohren öffnen
Problemebene:	Lehrerpersönlichkeit
Ziel:	Erhöhung der Wahrnehmungssensibilität im Bereich der zwischenmenschlichen Kommunikation
Methode:	Verbal-akustisch
Vorbereitung:	Fokussieren auf eine bestimmte Aussage eines Gesprächspartners X des/der SupervisandIn
Durchführung:	Vier Ohren fragen: Was genau hat X gesagt? Wie hat X das gesagt? Welche Gefühle hast Du bei X wahrgenommen? Was denkst Du, erwartet X von Dir? Was denkst Du über die Beziehung zwischen X und Dir?
Auswertung:	Welche neuen Aspekte der Botschaft von X habe ich/hat der/die SupervisandIn wahrgenommen?

Persönliche Konsequenzen für mich beruflich/privat:

a) Änderungen in meiner Einstellung
b) Änderungen in meinem Verhalten

Arbeitsblatt Nr. 4

Bezug: Kapitel 3.1.7, S. 67

Vorbereitung der Fallbesprechung SchülerIn* ...

1. Wie sieht das Problemverhalten aus?
   Wer macht was?
   Bei welchen Anlässen und Gelegenheiten zeigt sich das Verhalten besonders?
   Wer war noch davon betroffen?
2. Wie erkläre ich mir im Moment das Verhalten des Schülers/der Schülerin?
   Welche Hypothesen habe ich?
   Was ist mir von der Lebensumwelt des Schülers/der Schülerin bekannt, das im Erklärungszusammenhang mit dem Problem stehen könnte?
   Welchen Sinn könnte das Verhalten für den Schüler/die Schülerin haben?
   Weshalb oder wozu könnte sich der Schüler/die Schülerin so verhalten?
3. Welche Gefühle gegenüber dem Schüler/der Schülerin spürte ich damals in der konkreten Situation?
   Welche spüre ich jetzt?
4. Wie reagiere ich normalerweise auf das problematische Verhalten?
5. Welche Auswirkungen hat meine Reaktion auf den Problemschüler/die Problemschülerin, auf die anderen SchülerInnen, auf den Unterricht, auf mich selbst im Denken, Erleben, Verhalten?
6. Welche Anteile von mir erkenne ich jetzt schon, die das Problemverhalten verstärken bzw. abschwächen können?
7. Wie bin ich bisher mit ähnlichen Problem fertig geworden?
   Wann gelang es gut, wann weniger gut?
   Was würde ich gerne anders machen?
8. Welche Fragen habe ich an die Kollegen und die Kolleginnen der Supervisionsrunde? (Zum Beispiel bezüglich Hypothesenbildung, bezüglich eigener Anteile und Verstrickungen, bezüglich alternativer Reaktionen, bezüglich des Umfeldes des Schülers/der Schülerin.)

* Anmerkung: In analoger Weise kann die Vorbereitung einer Konfliktsituation/Problemsituation mit KollegInnen oder Eltern erfolgen.

Arbeitsblatt Nr. 5

Bezug: Kapitel 3.1.8, S. 68

Selbsteinschätzung Lehrerpersönlichkeit
(»Ohne *mich* bin ich wenig.« Gesprühter Spruch an einer Tübinger Hauswand.)

	--	-	o	+	+
1. Berufszufriedenheit	___	___	___	___	___
2. Fähigkeiten, Schüler zu motivieren	___	___	___	___	___
3. Kontakt- und Kommunikationsfähigkeit	___	___	___	___	___
4. Sensibilität und Wachheit in der Wahrnehmung zwischenmenschlicher Prozesse	___	___	___	___	___
5. Fähigkeiten zur Vermittlung von Lernstrategien	___	___	___	___	___
6. Selbstsicherheit/In seiner Mitte bleiben können	___	___	___	___	___
7. Fachkompetenz hinsichtlich von Unterrichtsmethodik und Didaktik	___	___	___	___	___
8. Lebendigkeit und Beweglichkeit	___	___	___	___	___
9. Engagement und psychisches Energieniveau	___	___	___	___	___
10. Kreativität	___	___	___	___	___
11. Humor	___	___	___	___	___
12. Selbstschutz vor Überforderung	___	___	___	___	___
13. Kompetenz zur erfolgreichen Lehrer-Schüler-Interaktion/Verhinderung von Unterrichtsstörungen und Umgang mit Unterrichtsstörungen	___	___	___	___	___
14. Beratungs-/Gesprächsführungskompetenz	___	___	___	___	___
15. Zufriedenheit hinsichtlich der Übereinstimmung in pädagogischen Grundfragen mit dem Kollegium	___	___	___	___	___
16. Weiterbildungsinteressen und berufliche Neugierde	___	___	___	___	___
17. Zufriedenheit mit dem persönlichen Einfluß im Kollegium	___	___	___	___	___
18. Klarheit und Konsequenz im Grenzziehen	___	___	___	___	___
19. Zufriedenheit hinsichtlich der persönlichen Kontakte im Kollegium	___	___	___	___	___
20. Zufriedenheit hinsichtlich der Kooperationsmöglichkeiten im Kollegium	___	___	___	___	___

-- sehr schwach, sehr negativ o mittelmäßig ++ sehr stark, sehr positiv

Arbeitsblatt Nr. 6

Bezug: Kapitel 3.1.8, S. 68

Einschätzskala Lehrerkollegium

	--	-	o	+	+
1. Pädagogischer Konsens (Übereinstimmung im Kollegium) hinsichtlich von Zielen, Normen und Sanktionen im					
a) Leistungsbereich					
b) im Verhaltensbereich					
c) in der Unterrichtsgestaltung					
d) im Verwaltungsbereich					
2. Kooperation im Kollegium					
3. »Betriebsklima« im Kollegium					
4. Effizienz der Schulorganisation und Schulverwaltung					
5. Zufriedenheit mit der Schulleitung hinsichtlich Menschenführung					
6. Gemeinsame innerschulische Aktivitäten (Feste, Projekte u.ä.)					
7. Gemeinsame außerschulische Aktivitäten (Lehrergruppen, Schullandheim, Klassenfahrten)					
8. Mitgestaltung und Mitverantwortung des Kollegiums bezüglich wichtiger Entscheidungsprozesse					
9. Innovationsbereitschaft des Kollegiums					
10. Zusammenarbeit im Kollegium (wenig oder keine Fraktionsbildungen, vgl. auch Frage 1)					

»Das Kollegium ist das wichtigste Subsystem im Gesamtsystem einer Schule.«

-- sehr schwach sehr negativ	o mittelmäßig	++ sehr stark sehr positiv	

Arbeitsblatt Nr. 7

Bezug: Kapitel 3.1.8, S. 68

Einschätzskala Schule und Schulumwelt
(»Geist der Schule«)

	--	-	o	+	+
1. Schulklima insgesamt	___	___	___	___	___
2. Bauliche Gestaltung der Schule					
a) Ästhetik	___	___	___	___	___
b) Funktionalität	___	___	___	___	___
c) Gesundheitliche Aspekte	___	___	___	___	___
3. Zusammenarbeit mit außerschulischen Hilfsinstitutionen (Beratungsstellen, Jugendämtern, Kinderärzten usw.)	___	___	___	___	___
4. Zusammenarbeit mit Schulaufsicht und Schulverwaltung	___	___	___	___	___
5. Kooperation Schule – Elternschaft	___	___	___	___	___
6. Kooperation mit Stadtteil/Gemeinde/Stadt	___	___	___	___	___
7. Ästhetische und atmosphärische Gestaltung der Klassenräume	___	___	___	___	___
8. Mitbestimmungs- und Mitgestaltungsprozesse der Schüler (z.B. SMV)	___	___	___	___	___
9. Materielle Ausstattung der Schule	___	___	___	___	___
10. Personelle Ausstattung der Schule	___	___	___	___	___

-- sehr schwach, sehr negativ o mittelmäßig ++ sehr stark, sehr positiv

Arbeitsblatt Nr. 8

Bezug:	Kapitel 3.1.9, S. 68
Titel:	Das Rollenspiel
Problemebene:	Interaktionsprobleme zwischen dem/der SupervisandIn und Interaktionspartnern wie z.B. LehrerIn – SchülerIn, LehrerIn – Schulklasse, LehrerIn – Lehrerkollegium, LehrerIn – Eltern
Ziel(e):	Möglichst realitätsnahe Simulation von Interaktionsprozessen sowie deren Analyse und Veränderung
Methode:	Verbal-akustisch sowie kinästhetisch
Vorbereitung:	Situationsauswahl, kurze Situationsbeschreibung, Auswahl der Rollenspieler, Festlegung der Zeitdauer, Festlegung des Fokus der Beobachtungsaufgaben (Prozeß/Inhalt, verbale/nonverbale Ebene usw.)
Durchführung:	Durchspielen der ausgewählten Interaktionssituation, eventuell mit Rollentausch und Rollenwechsel
Auswertung:	– BeobachterInnen teilen ihre Beobachtungen mit – InteraktionspartnerInnen (RollenspielerInnen) teilen ihre Gedanken, Gefühle, Körperempfindungen, Hypothesen, Handlungsimpulse mit, was haben sie offen gesagt, und was haben sie heimlich gedacht? – SupervisandIn teilt sich mit, wie oben die InteraktionspartnerInnen – Entlassen aus der Rolle

Persönliche Konsequenzen für mich/SupervisandIn beruflich/privat:

a) Änderungen in meiner Einstellung
b) Änderungen in meinem Verhalten

Arbeitsblatt Nr. 9

Bezug:	Kapitel 3.1.10, S. 72
Titel:	Das Planspiel
Problemebene:	Interaktionsprobleme zwischen dem/der SupervisandIn und anderen Interaktionspartnern wie beispielsweise LehrerIn – SchülerIn, LehrerIn – Schulklasse, LehrerIn – Kollegium, LehrerIn – Eltern
Ziel(e):	Möglichst realitätsnahe Simulation komplexer Interaktionsprozesse sowie deren Analyse und Veränderung
Methode:	Akustisch-verbal sowie kinästhetisch
Vorbereitung:	– Situationsauswahl – Austeilen einer kurzen schriftlichen Situationsbeschreibung – Auswahl der Rollenspieler – Verteilung der schriftlich fixierten Rollenbeschreibungen an die Rollenspieler – Vertrautmachen der Rollenspieler mit ihren Rollen – Festlegung der Zeitdauer – Bestimmung eines Spielleiters – Eventuell Verteilung von Beobachtungsaufgaben
Durchführung:	Durchspielen der ausgewählten Interaktionssituationen, möglicher Einsatz von Briefen und Telefonaten
Auswertung:	Wie beim Rollenspiel, siehe Arbeitsblatt Nr. 8, S. 68

Persönliche Konsequenzen für mich/Supervisanden/Supervisandin beruflich/privat:

a) Änderungen in meiner Einstellung
b) Änderungen in meinem Verhalten

Arbeitsblatt Nr. 10

Bezug: Kapitel 3.2.1, S. 76

Titel: System-Struktur-Zeichnung

Problemebene: LehrerIn – SchülerIn – Interaktion
LehrerIn – Familie
LehrerIn – Kollegium
LehrerIn – Schulklasse

Ziel: Erfassung und Bewußtwerden von Systemstrukturen und Mustern

Methode: Visuell

Vorbereitung: Auflisten der beteiligten Personen und Systeme

Durchführung: a) Systemstruktursymbole

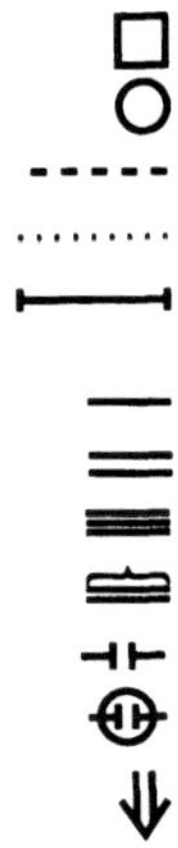

Männer, Jungen
Frauen, Mädchen

Klare Grenzen
Diffuse Grenze
Starre Grenze
} Grenzen zwischen verschiedenen Subsystemen

neutrale Beziehung
Annäherung
Übermäßige Annäherung
Koalition gegen
Offener Konflikt
Verdeckter Konflikt
Umleitung
} Beziehungen zwischen verschiedenen Personen (Subsystemen)

b) Ordnen Sie die beteiligten Personen (Subsysteme) hinsichtlich der Generation (gleiche Generation – gleiche Ebene) oder/und Zugehörigkeit (Familie/Klasse/Kollegium/Nähe). Kennzeichnen Sie die bekannten oder vermuteten Beziehungen mittels der Symbole.

Auswertung: (Vgl. Kap. 3.2.1) Gruppe fragt nach, gibt Anregungen zu neuer Sichtweise.

Persönliche Konsequenzen für mich/SupervisandIn privat/beruflich:

a) Änderungen in der Einstellung
b) Änderungen im Verhalten

Arbeitsblatt Nr. 11

Bezug:	Kapitel 3.2.2, S. 82
Titel:	Das Soziogramm
Problemebene:	LehrerIn – Schulklasse SchülerIn-SchülerIn-Beziehung Beziehung im Kollegium
Ziel:	Bewußtwerdung von Beziehungsstrukturen und -mustern
Methode:	Visuell
Vorbereitung:	Soziometrisches Verfahren in der Schulklasse oder Einschätzung der Beziehung von Person X zu Person Y im System (Klasse/Kollegium) mit Hilfe des Rasters auf Seite 127
Durchführung:	Zeichnen Sie aufgrund des Rasters ein Soziogramm

Symbole:

———	Gegenseitige Wahl (gute Beziehung)
- - - - -	Gegenseitige Ablehnung
———→	Einseitige Wahl in Pfeilrichtung
- - - -→	Einseitige Ablehnung in Pfeilrichtung
①	Person 1

Auswertung:	Allein oder in der Gruppe. Benennung der verschiedenen Typen mit Hilfe der Kennzeichen Petillons (Petillons, 1981, nach Perrez 1986, S. 427). Fragen der Gruppenmitglieder. Wie fühlt sich wohl Person X (1, 2, ..., der Star, der Außenseiter etc.)? Wie funktioniert das System? Rückmeldung durch Gruppenmitglieder.

Persönliche Konsequenzen für mich/SupervisandIn privat/beruflich:

a) Veränderungen in der Einstellung:

b) Veränderungen im Verhalten:

Arbeitsblatt zur Vorbereitung eines Soziogramms

erfragte oder vermutete Beziehung von

+ = positiv, Wahl, Sympathie
– = negativ, Ablehnung

	1	2	3	4	5	6	7	8	9	10	11	12	13	14	15	16	17	18	19	20	21	22	23	24	25	26	27	28	29	30
1																														
2																														
3																														
4																														
5																														
6																														
7																														
8																														
9																														
10																														
11																														
12																														
13																														
14																														
15																														
16																														
17																														
18																														
19																														
20																														
21																														
22																														
23																														
24																														
25																														
26																														
27																														
28																														
29																														
30																														

Personen:

1 __________
2 __________
3 __________
4 __________
5 __________
6 __________
7 __________
8 __________
9 __________
10 __________
11 __________
12 __________
13 __________
14 __________
15 __________
16 __________
17 __________
18 __________
19 __________
20 __________
21 __________
22 __________
23 __________
24 __________
25 __________
26 __________
27 __________
28 __________
29 __________
30 __________

Arbeitsblatt Nr. 12

Bezug:	Kapitel 3.2.4, S. 87
Titel:	Rollenhutmodell – Meine fünf Hüte
Problemebene:	Lehrerpersönlichkeit
Ziel:	Bewußtmachung der momentanen und erwünschten Verteilung der eigenen Energien auf die verschiedenen sozialen Rollen sowie die Anhaltspunkte für eine eventuelle Neuverteilung
Methode:	Visuell
Vorbereitung:	Kurze Besinnungspause und Ruhe
Durchführung:	Arbeitsblatt S. 129
Auswertung:	Vergleichen Sie die Ist-Verteilung mit der Wunschverteilung, allein oder mit der Gruppe. Wer oder was müßte sich ändern, um den Wunsch Wirklichkeit werden zu lassen? Wann wollen Sie mit der Umverteilung beginnen? Was wollen Sie konkret reduzieren? Wie würde Ihr/e PartnerIn (Ihre KollegInnen, Ihre Kinder) darauf reagieren?

Persönliche Konsequenzen für mich beruflich/privat:

a) Änderungen in der Einstellung
b) Änderungen im Verhalten

Rollenhüte

Jeder Mensch hat nur eine begrenzte Menge Energie und Zeit zur Verfügung, die er/sie auf seine/ihre verschiedenen Bereiche verteilen muß.

Verteilen Sie Ihre Gesamtmenge von 100 Energiepunkten (-prozente) so auf Ihre verschiedenen Rollenhüte, wie Sie es *zur Zeit* erleben. Daneben können Sie ihre Wunschverteilung eintragen, so wie Sie es gern hätten, wenn Sie nur könnten.

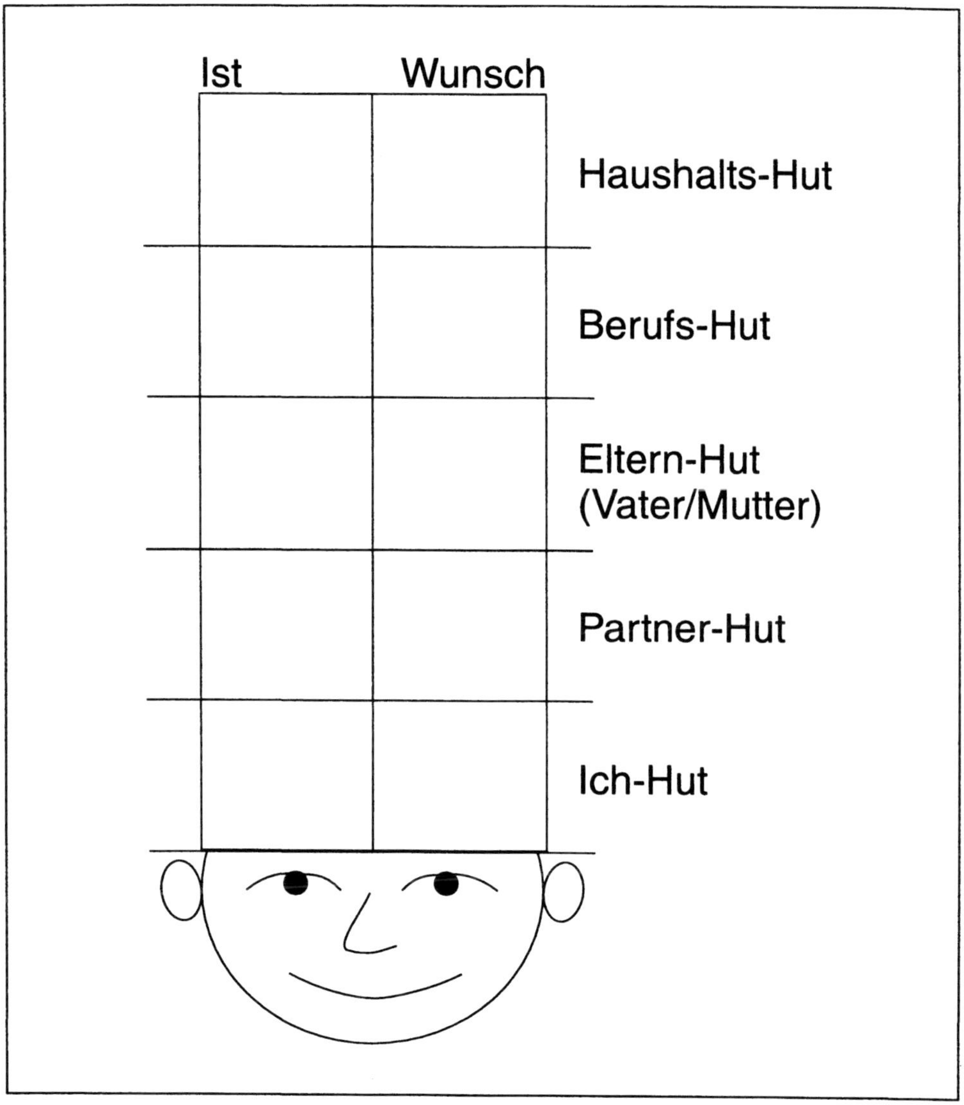

Arbeitsblatt Nr. 13

Bezug: Kapitel 3.2.5, S. 92

Titel: Der Energiekuchen

Problemebene: Lehrerpersönlichkeit

Ziel: Bewußtmachung des eigenen Energiehaushaltes. (Wo gehen Energien hin, wo sind Kraftquellen?)

Methode: Visuell

Vorbereitung: Kurze Besinnungspause und Ruhe, Auflisten aller Bereiche, die Energie verbrauchen, und aller Kraftquellen

Durchführung: Der linke Kreis umfaßt alle Ihre Energie, die Sie zur Zeit (Tag, Woche, Monat) verbrauchen. Der rechte Kreis umfaßt alle Energie, die Sie im gleichen Zeitraum aufnehmen (tanken).
Geben Sie durch Einteilung in Kreissegmente (Kuchenstücke) an, welche Menge an Energie Sie für welchen Bereich aufbrauchen (linker Kreis) bzw. durch welche Bereiche, Tätigkeiten, Personen Sie Energie gewinnen (rechter Kreis).

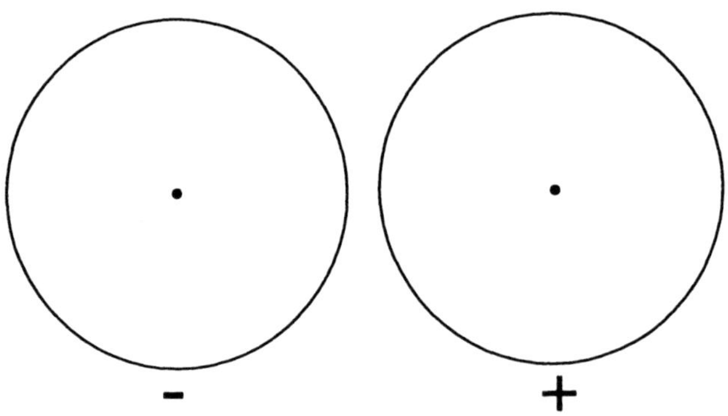

Auswertung: Vergleichen Sie, allein oder mit Hilfe der Gruppe, die beiden Kreise. Sind beide gleich groß? Wenn der linke größer ist, wie lange soll/kann es noch dauern (bis Sie in Kur müssen)? Welche Energiefresser können Sie reduzieren und wann? Welche Energiequellen könnten Sie noch anzapfen bzw. ausbauen?

Persönliche Konsequenzen für mich privat, beruflich:

a) Veränderungen in der Einstellung:
b) Veränderungen im Verhalten:

Arbeitsblatt Nr. 14

Bezug:	Kapitel 3.3.1, S. 94
Titel:	Skulpturen stellen
Problemebene:	Beziehungsprobleme zwischen dem/der SupervisandIn und anderen Interaktionspartern wie z.B. LehrerIn – SchülerIn, LehrerIn – Schulklasse, Lehrerkollegium, LehrerIn – Eltern
Ziel:	Möglichst realitätsnahe Simulation von Beziehungsstrukturen sowie deren Analyse und Veränderung
Methode:	Kinästhetisch
Vorbereitung:	– Kurze Situationsbeschreibung durch den/die SupervisandIn – Auswahl der Skulpturdarsteller – Festlegung, ob Ist- oder Wunschskulptur – Auswahl eventueller BeobachterInnen
Durchführung:	– Verteilung der SkulpturdarstellerInnen im Raum – Anweisung an die SkulpturdarstellerInnen, bestimmte Körperhaltungen, Mimik, Blickrichtungen, Abstände zu anderen Skulpturdarstellern einzunehmen (SupervisandIn führt Regie, Skulpturdarsteller schweigen)
Auswertung:	ModeratorIn fragt reihum die SkulpturdarstellerInnen – Wie geht es Ihnen in Ihrer Körperhaltung, Mimik, Blickrichtung und Abstand zu anderen Skulpturdarstellern? – Welche Handlungsimpulse hatten Sie? – Wie würde ihre Ist- bzw. Wunschskulptur aussehen?

Persönliche Konsequenzen für mich/SupervisandIn beruflich/privat:

a) Änderungen in meiner Einstellung
b) Änderungen in meinem Verhalten

Arbeitsblatt Nr. 15

Bezug:	Kapitel 3.1.7, S. 67
Titel:	Einflußfaktoren des Problems
Problemebene:	LehrerIn-SchülerIn-Interaktion LehrerIn – Eltern LehrerIn – Kollegium
Ziel:	Reflektieren der verursachenden Momente auf der Ebene der Bedeutungsgebung
Methode:	Visuell
Vorbereitung:	Keine
Durchführung:	Arbeitsblatt S. 133
Auswertung:	Allein oder in der Gruppe. Welche der Einflußfaktoren können Sie mit welchen Mitteln überhaupt beeinflussen? Woran wollen Sie allein, mit der Gruppe, mit jemand anderem arbeiten? Was müßten Sie ändern, um Ihre Anteile am Problem zu reduzieren?

Persönliche Konsequenzen für mich/SupervisandIn privat/beruflich:

a) Änderung in der Einstellung
b) Änderung im Verhalten

Einflußfaktoren des Problems

Bei Konflikten und Problemen gibt es nie eine Ursache – eine Wirkung, sondern ein Zusammenwirken von vielen »Stressoren« aus den unten bezeichneten Bereichen. Nehmen Sie einmal an, zur Entstehung des Problems seien 20 Faktoren (Punkte) von Bedeutung. Verteilen Sie 20 Farbpunkte (Filzstifte) so auf die vier Bereiche, wie sich Ihrer Meinung nach die Einflußfaktoren verteilen.

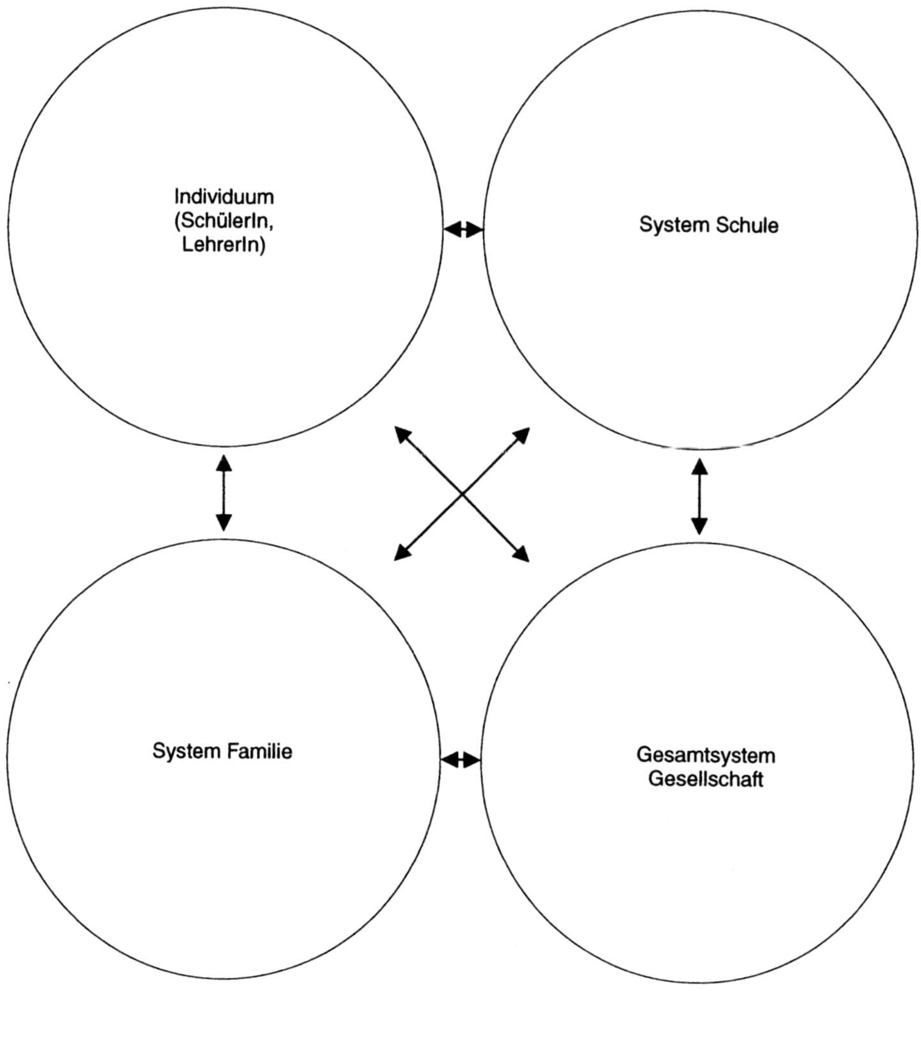

Arbeitsblatt Nr. 16

Bezug: Kapitel 2, S. 37

Checkliste für ModeratorInnen von selbstorganisierten kollegialen Supervisionsgruppen

Aufgabenbereiche und Schritte:

1. *Gesprächsleitung*, bei Bedarf Festlegung der Reihenfolge der Wortmeldungen.
2. *Sammeln* der Beiträge der TeilnehmerInnen, die ein Supervisionsproblem einbringen wollen.
3. Darauf achten, daß sich die TeilnehmerInnen in dieser Phase *kurz fassen*.
4. *Dringlichkeit* angeben und den voraussichtlichen *Zeitbedarf* einschätzen lassen.
5. Gemeinsam mit der Gruppe die *Reihenfolge* zur Bearbeitung der Beiträge festlegen.
6. *Zeitstruktur* der Sitzung festlegen.
7. Mit der Gruppe die *inhaltliche Struktur* und den Ablauf der Sitzung festlegen. (vgl. Kap. 2).
8. Auf die *Einhaltung* der festgelegten Zeitstruktur *achten*.
9. *Einleiten* bzw. *Beenden* der einzelnen Phasen der Supervision.
10. Auf *pünktliches Ende* der Beiträge und der Sitzung achten.
11. Bei Bedarf die TeilnehmerInnen an die *momentane Supervisionsphase*, an die *Fragestellung des/der SupervisandIn*, an die *Zeit* erinnern.
12. Bei Bedarf die TeilnehmerInnen an die festgelegten *Regeln* erinnern:
    - kein Konkurrenzverhalten untereinander
    - keine negative Kritik
    - möglichst präzise Fragen
    - nicht abschweifen
    - keine vorschnellen Lösungsangebote
    - Jede/r spricht nur für sich.
    - SupervisandIn entscheidet, welche vorgeschlagenen Hypothesen und Lösungsmöglichkeiten er/sie verwenden will.
    - Es gibt keine »richtigen« oder »falschen« Vorschläge, Hypothesen oder Lösungen, sondern für das Problem, die Situation, das Weltbild, die Persönlichkeit des/der SupervisandIn »nützliche«.
    - Hinweis auf TZI-Regeln

Arbeitsblatt Nr. 17

Bezug: Kapitel 2.4, S. 48, und Kapitel 3.1.1, S. 54

Arbeitsanweisung interviewendes Team

- Hilfreiches Fragen ist eine erlernbare Kunst, die einiger Übung bedarf.
- Trotzdem *keine Angst vor Fehlern!* Es gibt keine »richtigen« oder »falschen« Fragen, sondern lediglich *»nützliche«* oder »weniger nützliche«.
- *Spickzettel* sind erlaubt. Orientieren Sie sich an den Kapiteln 4.1–4.5.
- Nützlich ist es, wenn Sie sich mit den anderen InterviewerInnen vorher *absprechen und abstimmen.* (Welche Fragen stehen noch offen? Welche Bereiche sollten noch abgeklärt werden?)
- Vermeiden Sie ein »Hin- und Herspringen« zwischen den Themenbereichen. Knüpfen Sie mit Ihrer Frage an den vorher gestellten Fragen und entsprechenden Antworten an.
- Wenn Sie einen anderen Bereich ansprechen wollen, warten Sie so lange, bis der momentane Fragenkomplex abgeschlossen ist.
- Vermeiden Sie Situationen, die an ein Kreuzverhör erinnern.
- Orientieren Sie sich immer an *der Fragestellung des Supervisanden/der Supervisandin.*
- Manchmal kann es nützlich sein, von dieser ursprünglichen Fragestellung abzuweichen und andere Themenbereiche anzusprechen (z.B. private oder familiäre Themen). Holen Sie sich aber vorher die Erlaubnis, fragen Sie den Supervisanden/die Supervisandin, ob er/sie das möchte.
- Keine fertigen Lösungen anbieten, aber *lösungsorientiert fragen.*
- Lassen Sie sich von Ihrer *Neugier* leiten, die *innere Wirklichkeit* des Supervisanden, der Supervisandin kennenzulernen.
- Akzeptieren Sie, wenn der Supervisand/die Supervisandin nicht antworten will. Nicht die Antwort ist wichtig, sondern der *Prozeß*, den die Frage *im Supervisanden/in der Supervisandin* auslöst.
- Fragen Sie aus der Position des/der Nichtwissenden.
- *Hinterfragen* Sie Aussagen und Beschreibungen.
- Stellen Sie keine Fragen, die negative Kritik oder Vorwürfe enthalten (wie z.B.: »Warum hast du nicht ...?«).

Nach dem Interview unterhält sich das reflektierende Team über das Gehörte und Beobachtete. Nun sind Sie in der Beobachterrolle. Hören Sie aufmerksam zu und achten Sie auf eigene Körperreaktionen, Assoziationen und Gefühle.

Arbeitsblatt Nr. 18

Bezug: Kapitel 2.4, S. 48

Arbeitsanweisung reflektierendes Team

1. *Während der Interviewphase:*

   - Das reflektierende Team sitzt in *räumlichem Abstand* zu InterviewerInnen und SupervisandIn.
   - In dieser Phase nur *zuhören und beobachten* (vgl. Arbeitsblatt 19).
   - Schweigen. Keine Kommentare und keine Fragen an SupervisandIn.
   - Nicht in das Interview eingreifen, registrieren Sie auftauchende Fragen für später.
   - Bei Bedarf schriftliche Notizen machen.

2. *Gespräch des reflektierenden Teams über das Interviewsystem*

   - Bleiben sie mit Ihren Reflexionen im reflektierenden Team.
   - Sprechen Sie *über*, (noch) *nicht mit* SupervisandIn und InterviewerInnen.
   - Teilen Sie Ihre Beobachtungen, Ihre Wahrnehmungen, Ihre Assoziationen, Ihre Körperreaktionen und Ihre Gefühle bezüglich des Problems, des Supervisanden, der Supervisandin, der InterviewerInnen und der wahrgenommen Interaktionen mit.
   - Reflektieren Sie *die Bedeutung* dieser Beobachtungen für das Problem und für mögliche Lösungsansätze.
   - Äußern Sie Ihre Phantasien, Vermutungen, Hypothesen, Assoziationen, Ideen *ohne Beweisdruck.* Sie müssen nicht über die »Nützlichkeit« bzw. »Brauchbarkeit« Ihrer Äußerungen entscheiden.
   - *Nicht konkurrieren!* Jede Idee, jede Vermutung, jeder Vorschlag kann nützlich sein.
   - Suchen Sie nach *Stärken* des Supervisanden, der Supervisandin, ihm/ihr angemessene Lösungsansätze selbst zu finden.
   - *Keine negative Kritik* und abwertende Äußerungen.

Arbeitsblatt Nr. 19

Bezug: Kapitel 2, S. 42

Einige Beobachtungskriterien

1. *Äußere Wahrnehmungen:* (SupervisandIn, InterviewerInnen, Interaktion)

   - *Verbales* Verhalten:
     - Sprache, Inhalt, Tonalität, Lautstärke, Sprechtempo usw.
     - Welche *Problemebene* wurde angesprochen? (Lehrerpersönlichkeit, Lehrer – Schüler usw.)
     - Ebenen der *Interaktion* (Inhalt, Bedeutung, Gefühl, Verhalten)?
     - Welche *Aspekte der Interaktion* (vier Ohren) wurden erkannt (Information, Appell, Selbstoffenbahrung, Beziehung)?
     - Wie *klar und präzise* waren die einzelnen Gesprächspartner? Welche Nachfragen waren/sind noch notwendig?
     - *Repräsentationsebenen* (visuell, auditiv, kinästhetisch)?
     - *Verstrickung* der Gesprächsteilnehmer (assoziiert (Nähe) – dissoziiert (Distanz))?

   - *Nonverbales* Verhalten:
     - Mimik, Gestik, Körperhaltung, Blickkontakt, Atem, Bewegungen usw.
     - *Aktionen und Reaktionen* der Gesprächspartner?
     - Beobachtete *Repräsentationsebenen* (visuell, auditiv, kinästhetisch)?
     - *Kontakt* (Rapport) InterviewerInnen – SupervisandIn.
     - *Übereinstimmung* verbales – nonverbales Verhalten.

2. *Innere Wahrnehmung:*
   - Welche *Assoziationen* hatte ich während des Gesprächs (Bilder, Erinnerungen, Phantasien – visuell oder auditiv)?
   - Welche *Körperreaktionen* konnte ich bei mir beobachten was spürte ich (kinästhetische Ebene)?
   - Wie *denke ich* über den/die SupervisandIn – das Problem – das Interviewgespräch?
   - Welche *Gefühle* spürte ich bei mir gegenüber dem vorgetragenen Problem – dem/der SupervisandIn – den InterviewerInnen?

Literaturhinweise und Quellennachweis

Basisliteratur als »Notfallkoffer« zur erfolgreichen Bewältigung des Schulalltags

Ohne Anspruch auf Vollständigkeit haben wir im folgenden eine Auswahl leicht lesbarer Basisliteratur zusammengestellt, die LehrerInnen neben der kollegialen LehrerInnensupervision zusätzliche Hilfestellungen in den wichtigsten Bereichen des Schulalltags bietet.

Einzelnen Problemfeldern zugeordnete Basisliteratur:

1. *Ich:* – Pflege meiner Lehrerpersönlichkeit als wichtigstes Handwerkszeug

   - Psychohygiene
   - Schutz vor »Burnout«
   - Hilfe durch kollegiale Supervision mit oder ohne Supervisor
   - Selbstsupervision, Selbstreflexion

   Literatur:
   - Der vorliegende Supervisionsleitfaden
   - Miller, Reinhold: Lehrer lernen. Ein pädagogisches Arbeitsbuch für Lehreranwärter, Referendare, Lehrer und Lehrergruppen. Beltz, Weinheim, 1986.
   - Hennig, C./Keller, G.: Anti-Streß-Programm für Lehrer. Auer, Donauwörth, 1995.

2. Lehrer-Schüler-Interaktion

   a) *Umgang mit verhaltensschwierigen Schülern*

   Literatur:
   - Hennig, C./Keller, G.: Lehrer lösen Schulprobleme. Lernförderung, Verhaltenssteuerung, Gesprächsführung. Auer, Donauwörth, 1993, 2. Auflage.
   - Molnar, A./Lindquist, B.: Verhaltensprobleme in der Schule. Borgmann, Dortmund, 1995, 2. Auflage.
   - Heidemann, R.: Körpersprache vor der Klasse. Quelle & Meyer, Heidelberg, 1983.
   - Tennstedt, C. u.a.: Das Konstanzer Trainingsmodell. Univ. Konstanz, 1985.

   b) *Lernförderung, Konzentrations- und Motivationsförderung*

   - Keller, G.: Lehrer helfen lernen. Lernförderung, Lernhilfe, Lernberatung. Auer, Donauwörth, 1993, 4. Auflage.

3. Lehrer-Eltern-Arbeit

- Gesprächsführung
- Elternberatung
- Verbesserung der Lehrer-Eltern-Kooperation

Literatur:
- Bachmair, S. u.a.: Beraten will gelernt sein. Ein praktisches Lehrbuch für Anfänger und Fortgeschrittene. Psychologie Verlags Union, München, 1996, 6. Auflage.
- Hennig, C. und Knödler, U.: Problemschüler – Problemfamilien. Psychologie Verlags Union, München, 1995, 5. Auflage.
- Hennig, C./Keller, G.: Lehrer lösen Schulprobleme (s.o.).

4. Lehrer-Kollegium

- Verbesserung der Kommunikation und Kooperation im Kollegium

Literatur:
- Miller, R.: Sich in der Schule wohlfühlen. Beltz, Weinheim und Basel, 1992, 5. Auflage.
- Miller, R.: Schilf-Wanderung. Wegweiser für die praktische Arbeit in der schulinternen Lehrerfortbildung. Beltz, Weinheim und Basel, 1992, 3. Auflage.

Quellennachweis

Anderson, T. (Hrsg.): Das Reflektierende Team. Dialoge und Dialoge über Dialoge. verlag modernes lernen, Dortmund 1990.

Bachmair, S./Faber, J./Hennig, C./Kolb, R./Willig, W.: Beraten will gelernt sein. Ein praktisches Lehrbuch für Anfänger und Fortgeschrittene. Psychologie Verlags Union, München 1989, 4. Auflage.

Brandau, H.: Supervision aus systemischer Sicht. Otto Müller Verlag, Salzburg 1991.

Becker, G.E.: Lehrer lösen Konflikte. Ein Studien- und Übungsbuch. Beltz, Weinheim 1991.

Cobrun-Staege, U.: Lernen durch Rollenspiel. Frankfurt 1977.

Cohn, R.C.: Von der Psychoanalyse zu Themenzentrierten Interaktion. Klett, Stuttgart 1975.

Connemann, R./Kubesch, B.: Das Reflektierende Team als Fallbesprechungsmodell in Lehrergruppen. Zeitschrift für systemische Therapie, 9 (2), 1991.

Daigl, K.A.: Kleine Planspiele für Helfer. Anregungen zur Selbsthilfe, Reflexion, Supervision in Praxis und Ausbildung. Lambertus, Freiburg 1988.

Fleischer, Th.: Schule als System: Probleme schulischer Veränderung. In: Kontext, Heft 18, 1990, verlag modernes lernen, Dortmund, S. 49ff.

Gewerkschaft Erziehung und Wissenschaft (Hrsg.): Anstöße für eine neue Lehrerfortbildung in Baden-Württemberg. Dokumentation der GEW-Fachtagung vom 28. 3. 1992, GEW, Stuttgart 1992.

Geißler, Kh.A.: Gruppendynamik für Lehrer. Was Lehrer verändern können. Rowohlt, Hamburg 1979.

Greitemeyer, D.: Familientherapie: Die Familie und das Symptom. Systemische Hefte 1. Eigenverlag, Tübingen 1988.

Greitemeyer, D.: Symptome als Symbole. Versuche der Entschlüsselung. Eigenverlag, Tübingen 1991.

Heidemann, R.: Körpersprache vor der Klasse. Quelle & Meyer, Heidelberg 1983.
Hennig, C./Knödler, U.: Problemschüler – Problemfamilien. Psychologie Verlags Union, München 1993, 3. Auflage.
Hennig, C.: Die Erweiterung des SATIRschen Rollenhutmodells zu einem Instrument der systemischen Familiendiagnostik. In: Brunner, E.J./Greitemeyer, D. (Hrsg.): Die Therapeutenpersönlichkeit 2. Weinheimer Symposion 1989. Bögner-Kaufmann, Wildberg 1990.
Hennig, C./Keller, G.: Lehrer lösen Schulprobleme. Auer, Donauwörth 1992.
Heyse, H. (Hrsg.): Erziehung in der Schule – Eine Herausforderung für die Schulpsychologie. Bericht über die 7. Bundeskonferenz für Schulpsychologie und Bildungsberatung, Trier 1985. Deutscher Psychologen-Verlag, Bonn 1986.
Meidinger, H.: Balintgruppen für Lehrer. In: H. Heyse (Hrsg.): Erziehung in der Schule – eine Herausforderung für den Schulpsychologen. Deutscher Psychologen-Verlag, Bonn 1986.
Miller, R.: Lehrer lernen. Ein pädagogisches Arbeitsbuch für Lehreranwärter, Referendare, Lehrer und Lehrergruppen. Beltz, Weinheim und Basel 1993, 5. Auflage.
Miller, R.: Sich in der Schule wohlfühlen. Beltz, Weinheim und Basel 1992, 5. Auflage.
Miller, R.: Schilf-Wanderung. Beltz, Weinheim und Basel 1992, 3. Auflage.
Miller, R.: Pädagogische Fallbesprechungsgruppen. Schulintern 8/9, 1992.
Molnar, A./Lindquist, B.: Verhaltensprobleme in der Schule. Borgmann, Dortmund 1990.
Moreno, J.L.: Die Grundlagen der Soziometrie. Westdeutscher Verlag, Köln-Opladen 1954.
Nock, H./Leinenbach, I.: Streßinventar. Unveröffentlichtes Manuskript, Heilbronn 1992.
Pallasch, W.: Supervision. Juventa, Weinheim/München 1991.
Perrez, M./Huber, G./Geißler, Kh.A.: Psychologie der pädagogischen Interaktion. In: Weidemann/Krapp (Hrsg.), Psychologie Verlags Union München 1986.
Petillon, H.: ST 3–7, Soziometrischer Test für 3.–7. Klassen. Beltz, Weinheim und Basel.
Petillon, H.: Soziale Beziehungen in Schulklassen. Beltz, Weinheim und Basel 1980.
Pieper, A.: Verbesserung der Zusammenarbeit im Lehrerkollegium als Aufgabe einer systembezogenen schulpsychologischen Beratung. Frankfurt 1986b.
Ronellenfitsch, W./Springer, A.: Von der Spielidee zum Planspiel. In: Heyse, H. (Hrsg.): Erziehung in der Schule – eine Herausforderung für die Schulpsychologie. Deutscher Psychologen Verlag, Bonn 1986.
Rotering-Steinberg, S.: Formen konstruktiver Zusammenarbeit zwischen Lehrern. In: Heyse, H. (Hrsg.): Erziehung in der Schule – Eine Herausforderung für die Schulpsychologie. Deutscher Psychologen Verlag, Bonn 1986.
Roth-Bilz, A.: Rollenspieltechniken in der Supervision. In: GWG-Info 36, 1979, Heft 10, S. 47–52.
Ruddies: Materialmappe zur Tagung: Kollegiale Lehrerfortbildung – Praxisgruppen – Qualifizierte Gruppenbegleitung an Schulen. Birkach 1992.
Schlippe, A. von: Familientherapie im Überblick. Junfermann, Paderborn 1984.
Schreyögg, A.: Supervision, ein integrales Modell. Lehrbuch zu Theorie und Praxis. Junfermann, Paderborn 1991.
Schultz von Thun, F.: Miteinander reden. Störungen und Klärungen. Rowohlt, Reinbek 1989.
Spitznagel, A.: Diagnostik sozialer Beziehungen. In: Heiß, R. (Hrsg.): Handbuch der Psychologie, 6. Band – Psychologische Diagnostik. Verlag f. Psychologie, Dr. C.J. Hogrefe, Göttingen 1971, S. 799–806.
Tennstedt, C. u.a.: Konstanzer Trainingsmodell KTM. Universität Konstanz 1985.

Weber, Martin: Psychodrama. Systemische Hefte 11, Hrsg. Greitemeyer, D. Eigenverlag, Tübingen 1989.
Weidemann, B./Krapp, A. (Hrsg.): Pädagogische Psychologie. Psychologie Verlags Union, München 1986.
Wittern, J.-O./Tausch, A.M.: Persönliche Beeinträchtigungen von Lehrern in ihrem beruflichen und privaten Leben. Psychologie in Erziehung und Unterricht, 1980, 27, S. 321–326.
Wittern, J.-O./Giernalczyk, Th.: Beeinträchtigungen von Lehrern und Schülern. Zusammenhänge und einige Bewältigungsmöglichkeiten. In: Heyse, H. (Hrsg.): Erziehung in der Schule – Eine Herausforderung für die Schulpsychologie. Deutscher Psychologen Verlag, Bonn 1986, S. 137ff.
Wittern, J.-O.: Anleitung von Lehrern zur gegenseitigen Supervision – Darstellung des Konzeptes und Ergebnisse. Manuskript, Universität Hamburg 1985.